1	2	10	11	12
3	4	5	13	14
6	7	15	16	
8	9	17	18	19

1 **Die Prinzen**
2 **Herbert Grönemeyer**
3 **Judy Garland**
4 **Phil Collins**
5 **Nena**
6 **Gerhard Gundermann**
7 **The Bangles**
8 **Scorpions**
9 **Rod Stewart**

10 **Stevie Wonder**
11 **Nina Hagen**
12 **Eric Clapton**
13 **The Beatles**
14 **„Big Bill" Broonzy**
15 **Elvis Presley**
16 **Comedian Harmonists**
17 **Cass Elliot**
18 **Marianne Rosenberg**
19 **Udo Jürgens**

Songbuch

**Herausgegeben von
Andreas Otto und Bernd Riede
zusammen mit der
Verlagsredaktion Musik**

Songbuch

**Ein Liederbuch
für den Musikunterricht
an allgemein bildenden Schulen
ab Klasse 5**

VOLK UND WISSEN

Alphabetisches Liedverzeichnis

Songbuch CDs 1–4
ISBN 978-3-06-152299-5

Alles nur geklaut

d   F

1. Ich schreibe ei - nen Hit,—   die gan - ze Na - ti -
2. Ich bin tie - risch reich,—   ich fah - re ei - nen
3. Ich will dich gern ver - führ'n, doch bald schon mer - ke—

C   d

on—   kennt ihn schon,   al - le
Benz, der in der Son - ne— glänzt. Ich hab 'nen
ich, das wird nicht leicht für— mich. Ich geh mit

F   C

sin - gen mit,—   ganz laut im Chor, das geht ins
gro - ßen Teich—   und da - vor ein Schloss und ein wei - ßes—
dir spa - ziern—   und spreche ein Ge - dicht in dein Ge -

B   F

Ohr. Kei - ner kriegt da - von ge - nug,—
Ross. Ich bin ein gro - ßer Held—
sicht. Ich sag, ich schrieb' es nur für dich,—

B   F

al - le hal - ten mich für klug,—
und ich rei - se— um die Welt,—   ich
und— dann küsst du mich,

B   F   A

hof - fent - lich— merkt kei - ner den Be - trug.—
wer - de— im - mer schö - ner durch mein Geld.—
denn— zu mei - nem Glück weißt du nicht:—

𝄋 d

Denn das ist al - les nur ge - klaut,   **1. – 3.** das ist
Doch das ist al - les nur ge - klaut,   **Schlussrefrain:** das ist
Das ist al - les nur ge - klaut,

al - les gar nicht mei - ne,   das ist al - les nur ge - klaut,
al - les gar nicht dei - ne,   das ist al - les nur ge - klaut,

doch das weiß ich nur ganz al - lei - ne.   Das ist al - les nur ge -
doch das weiß nur du al - lei - ne.   Das ist al - les nur ge -

klaut und ge - stoh - len, nur ge - zo - gen und geraubt.   Ent - schuldigung, das
klaut und ge - stoh - len, nur ge - zo - gen und geraubt.   Wer

hab ich mir er - laubt.   Ent - schuldigung, das hab ich mir er -
hat dir das er - laubt?   Wer hat dir das er -

laubt.   Auf dei - nen Hei - li - gen - schein fall ich auch nicht mehr
laubt?

'rein, —   denn auch du hast, Gott sei Dank, ga - ran -

tiert noch was im Schrank   und das ist al - les nur ge -

dal segno al fine

Worte und Musik: Tobias Künzel · Interpreten: Die Prinzen, 1993

*Die Musiker der Gruppe „Die Prinzen" waren Mitglieder des
Thomanerchores Leipzig bzw. des Dresdner Kreuzchores.
Auf der Grundlage ihrer klassischen Ausbildung prägten sie als
Popgruppe einen unverwechselbaren Gesangsstil.*

7

All my loving

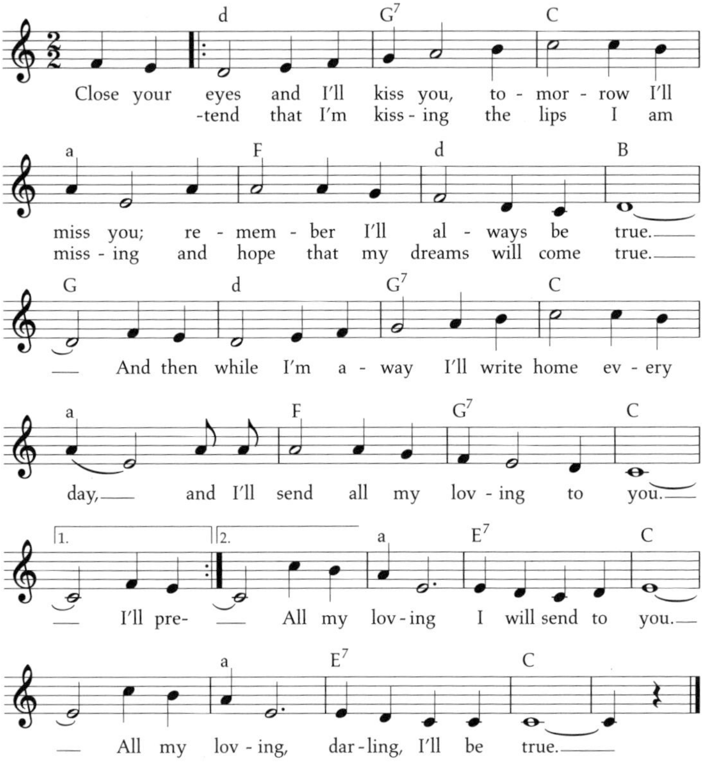
d G7 C
Close your eyes and I'll kiss you, to - mor - row I'll
-tend that I'm kiss - ing the lips I am
a F d B
miss you; re - mem - ber I'll al - ways be true.
miss - ing and hope that my dreams will come true.
G d G7 C
And then while I'm a - way I'll write home ev - ery
a F G7 C
day, and I'll send all my lov - ing to you.
1. 2. a E7 C
I'll pre- All my lov - ing I will send to you.
a E7 C
All my lov - ing, dar - ling, I'll be true.

Worte und Musik: John Lennon/Paul McCartney · Interpreten: The Beatles, 1963

Als ich fortging

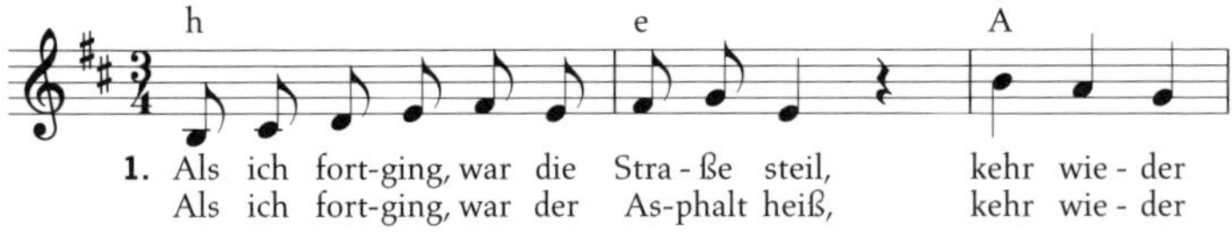
h e A
1. Als ich fort-ging, war die Stra - ße steil, kehr wie - der
Als ich fort-ging, war der As-phalt heiß, kehr wie - der

2. Als ich fortging, war'n die Arme leer, kehr wieder um.
Mach's ihr leichter, einmal mehr, nicht so schwer.
Als ich fortging, kam ein Wind so schwach, warf mich nicht um.
Unter ihrem Tränendach war ich schwach.
Nichts ist unendlich, so sieh das doch ein.
Ich weiß, du willst unendlich sein, schwach und klein.
Nichts ist von Dauer, was keiner recht will.
Auch die Trauer wird da sein, schwach und klein.

Worte: Gisela Steineckert · Musik: Dirk Michaelis
Interpreten: Karussell, 1989

Alt wie ein Baum

Alt wie ein Baum möch - te ich wer - den, ge - nau, wie der
Alt wie ein Baum möch - te ich wer - den mit Wur - zeln, die

Dich - ter es beschreibt. Alt wie ein Baum mit ei - ner Kro - ne, die
nie ein Sturm be-zwingt. Alt wie ein Baum, der al - le Jah - re so

weit, weit, weit, weit, die — weit ü - ber Fel - der —
weit, weit, weit, weit küh - len - de Schat - ten —

zeigt. bringt. Al - le meine Träu - me, yeah, fang ich da - mit

ein, yeah, al - le meine Träu - me, yeah, zwi - schen Him - mel und

Er - de zu sein, zwi - schen Him - mel und Er - de zu sein.

Worte: Burkhard Lasch · Musik: Puhdys · Interpreten: Puhdys, 1978

Am Sonntag will mein Süßer mit mir segeln gehn

1. Träumend an der Schreib - ma - schin' saß die klei - ne

Jo - se - phin', die Sehnsucht im Her - zen, die

führ-te die Hand. Der Chef kam und las es und staunte, da stand:

1.–3. Am Sonn-tag will mein Sü-ßer mit mir se-geln gehn,
Am Sonn-tag will mein Sü-ßer mal ein See-mann sein

so-fern die Win-de wehn, das wär' doch wunderschön!
mit mir im Son-nen-schein, so ganz al-

lein! Und dann beim Abendrot mach ich das Abendbrot auf unserm

Se-gel-boot für mei-nen Sü-ßen und für mich! Am

Sonn-tag will mein Sü-ßer mit mir se-geln gehn,

so-fern die Win-de wehn, das wär' doch schön!

2. „Minna", sprach Frau Schulrat Kraus, „Sonntag bleiben Sie zu Haus!"
Da heulte die Minna und sagte zu ihr:
„Mich halten am Sonntag zehn Pferde nicht hier!"

3. Allen Mädchen geht es so in der Küche, im Büro.
Am Sonntag, da hab'n sie was Besseres vor,
da flüstert's die eine der andern ins Ohr:

Worte: Robert Gilbert · Musik: Anton Profes, 1929
Interpreten: Edith D'Amara, 1929 · Old Merrytale Jazzband, 1961

11

Another day in paradise

1. She calls out to the man on the street:
2. He walks on, does-n't look back,
3. She calls out to the man on the street.
4. You can tell from the lines on her face.

"Sir, — can you help me?
he pre - tends he can't hear her. —
He can see she's been cry - ing. —
You can see that she's been there.

It's cold and I'm no - where to sleep,
Starts to whis - tle as he cros - ses the street.
She's got blis - ters on the soles of her feet,—
Prob - a - bly been moved on from ev - e - ry place

's there some - where you can tell me?" *(Wiederholung*
Seems em - ba - ressed to be there. *nur nach der*
she can't walk, but she's try - ing. — *1. Strophe)*
cause she did - n't fit in there.

2.–4. Oh, think twice, 'cause it's an - oth - er day for you and me in

par - a - dise. Oh, think twice, it's just an -

oth - er day for you, you and me in par - a - dise.

folgt 3. Strophe und Refrain, danach weiter

12

Worte und Musik: Phil Collins · Interpret: Phil Collins, 1989

Mit „Another day in paradise" nahm Phil Collins eindringlich zum
sozialen Problem der Obdachlosigkeit Stellung. International bekannt
wurde Phil Collins als Schlagzeuger und Sänger der britischen Gruppe
Genesis, der er von 1970 bis 1996 angehörte.

B

Black, brown and white blues

Worte und Musik: Big Bill Broonzy

William Lee („Big Bill") Broonzy, Sänger und Gitarrist, war einer der bedeutendsten Vertreter des Country-Blues. Er lebte von 1898 (?) bis 1958 und schrieb über 350 Stücke, die in einigen hundert Schallplattenaufnahmen dokumentiert sind.

Boat on the river

1. Take me back— to my boat on the riv - er, I need to go
2. Time stands still— as I gaze in the wa - ter, she ea - ses me

down, I need to come down.— Take me back— to my
down, ⸷ touch-ing me gent - ly with the wa - ters that flow— past my

boat on the riv - er and I won't cry out an - y - more.
boat on the riv - er so I don't cry out an - y - more.

1. u. 2. Oh the riv - er is wise, the riv - er it touch - es my
(2. Str.:) deep, (2. Str.:) he

life like the waves on the sand, and all roads lead to tran-

quil - i - ty base where the frown on my face dis - ap - pears.—
(*da capo, in 3. Str.* 𝄋 – 𝄌)

and I won't cry out an - y - more.—

3. Take me down to my boat on the river, I need to go down, won't you
let me go down. Take me back to my boat on the river and I won't cry
out anymore.

Worte und Musik: Tommy Shaw · Interpreten: Styx, 1979

Bodybuilder-Boogie

1. Wir sind die tollsten Män - ner, so rich - tig was für Ken - ner; wir bod - y - buil - den Tag und Nacht, so lan - ge, bis der Bi - zeps kracht. 1.–3. Das ist der Bod - y - buil - der - Boo - gie, das ist der Bod - y buil - der - Song. Die Girls sind ganz meschuggi nach un - sern tollen Mucki; wir sind so schön strong! Uh! Äh! Ong!

2. Wir sind ganz scharf darauf, uns auszustellen
und uns so weit wie möglich auszupellen.
Wir sind so wunderschön gebaut,
seht nur den Glanz auf unsrer Haut!

3. Damit sich jeder Muskel glättet,
hab'n wir ihn extra eingefettet
an Arm und Bein und Brust und Bauch,
und wer uns sieht, beölt sich auch.

Worte: Bernd Granzin · Musik: Jens A. Bose, 1978

Bye-bye, love

1. There goes my ba - by — with some-one new. —
— She sure looks hap - py, — I sure am blue. —
— She was my ba - by — till he stepped in. —
— Good - bye to ro - mance — that might have been.

1. u. 2. Bye - bye, love, bye - bye, hap - pi - ness.
Bye - bye, love, bye - bye, sweet ca - ress.

Hel - lo lone - li - ness, I think I'm gon - na cry. —
Hel - lo emp - ti - ness, I

feel like I could die. — Bye - bye, my love, bye - bye.

2. I'm through with romance, I'm through with love,
I'm through with counting the stars above.
And here's the reason that I'm so free:
My lovin' baby is through with me.

Worte und Musik: Felice und Boudleaux Bryant · Interpreten: Everly Brothers, 1957

Can't help falling in love

Wise men say, on-ly fools rush in, but I can't
Shall I stay, would it be a sin, if I can't

help fall-ing in love with you.
help fall-ing in love with you.

Like a riv-er flows

sure-ly to the sea, dar-ling, so it goes, some things are meant to

be. Take my hand, take my whole life

too, for I can't help fall-ing in love with you.

you, for I can't help fall-ing in love with you.

Worte und Musik: George David Weiss/Hugo Peretti/Luigi Creatore
Interpret: Elvis Presley, 1961

Elvis Presley (1935–1977), „King of Rock 'n' Roll" genannt,
begeisterte auch mit langsameren Liedern wie „Can't help falling in
love" sein Publikum. Dieser Song erklang am Schluss seines letzten
Konzertes im Jahre 1977.

Cielito lindo

1. De la Sie - rra Mo - re - na, cie - li - to lin - do, vie -
2. U - na fle - cha en el ai - re, cie - li - to lin - do, ti -

- nen ba - jan - do_____ un par de o - ji - tos
- ró Cu - pi - do,_____ él la ti - ró ju -

ne - gros, cie - li - to lin - do, de___ con - tra - ban - do.___
gan - do, cie - li - to lin - do y a___ mí me ha he - ri - do.___

___ 1. u. 2. Ay ay ay ay,_____ can - ta y no

llo - res,____ por - que can - tan - do se a - le - gran, cie - li - to

lin - do, los___ co - ra - zo - nes.___ zo - nes. Le - ré!

Worte: Quirino Mendoza · Musik: C. Fernandez

Aussprachehilfen (Spanisch)
__ie__ = beide Vokale einzeln, aber miteinander verbunden sprechen.
__c, z__ vor i, e = wie stimmloses engl. th · __c__ vor a, o, u = k
__ch__ = tsch · __h__ = stets stumm · __j__ = Gaumen-ch · __ll__ = lj
__qu__ = k · __r/rr__ = gerolltes Zungen-r · __s__ = stimmlos

Das hübsche Mädchen („cielito" wörtlich: Himmelchen) soll singen
und nicht weinen.

Conny Cramer

1. Wir la - gen träu-mend im Gras, _ die
2. Er versprach oft, ich lass es sein, das
3. Beim letz - ten Mal sag - te er,

Köp - fe voll ver - rück - ter I - deen,
gab mir wie - der neu - en Mut
nun kann ich den Him - mel sehn.

da sag - te er, nur _ zum Spaß, komm,
und ich _ re - de - te _ mir ein, _ mit
Ich schrie ihn _ an, oh, komm zu - rück! Er

lass uns auf die Rei - se gehn.
Lie - be wird al - les gut.
konn - te es nicht mehr ver - stehn.

Doch der Rauch schmeckte bit - ter, a - ber
Doch aus Joints, da _ wur - den Trips, es gab
Ich hat - te nicht ein - mal mehr Trä - nen, ich hat - te

Con - ny sag - te mir, was er sah, _ ein
kei - nen Halt auf der schie - fen _ Bahn. _ Die
al - les ver - lo - ren, was _ ich hab. _ Doch das

Meer _ von _ Licht und Far - ben. Wir ahn - ten
Leu - te fin - gen an zu re - den, a - ber
Le - ben geht _ ein - fach wei - ter, mir blei - ben

20

nicht, was bald — da - rauf ge - schah.
kei - ner bot Con - ny Hil - fe an.
nur noch die Blu - men auf sei - nem Grab.

1.–3. Am Tag, als Con - ny Cra - mer starb —

und al - le Glo - cken klan - gen, am Tag, als

Con - ny Cra - mer starb — und al - le

Freun - de wein - ten um ihn, — das war ein

schwe - rer Tag, — weil in mir — ei - ne

Welt — zer - brach. —

Worte und Musik: Robbie Robertson (Originaltitel "The night they drove Old Dixie down", Interpretin: Joan Baez) · deutscher Text: H. U. Weigel
Interpretin: Juliane Werding, 1972

Mit diesem Anti-Drogen-Song wurde die Sängerin Juliane Werding (geb. 1957) bekannt.

Das Lied von der Unzulänglichkeit menschlichen Strebens

1. Der Mensch lebt durch den Kopf, sein Kopf reicht ihm nicht aus, ver-such es nur, von dei-nem Kopf lebt höchstens ei - ne Laus. Denn für die-ses Le - ben ist der Mensch nicht schlau ge-nug, nie - mals merkt er e - ben die-sen Lug und Trug.

2. Ja, mach nur einen Plan, sei nur ein großes Licht
und mach dann noch 'nen zweiten Plan, gehn tun sie beide nicht.
Denn für dieses Leben ist der Mensch nicht schlecht genug,
doch sein höh'res Streben ist ein schöner Zug.

3. Ja, renn nur nach dem Glück, doch renne nicht zu sehr,
denn alle rennen nach dem Glück, das Glück rennt hinterher!
Denn für dieses Leben ist der Mensch nicht anspruchslos genug,
drum ist all sein Streben nur ein Selbstbetrug.

Worte: Bertolt Brecht · Musik: Kurt Weill, aus der Dreigroschenoper, 1928

Der alte Herr

1. Der al - te Herr im fünf - ten Stock ganz links, der
der al - te Herr im fünf - ten Stock ganz links kann

im - mer sol - che Mü - he hat beim Geh'n,
auch mit sei - ner Bril - le nicht viel sehn.

Der sitzt dort o - ben ganz al - lein mit ein paar
Das wird wohl sei - ne Toch - ter sein, die ih - ren

Fo - tos aus 'ner an - dern Welt.
Jüngsten in den Ar - men hält; und die lebt ir - gend-wo in

Süd - a - me - ri - ka und schickt 'nen „Lie - ber - Pa - pi"-

Brief ein - mal im Jahr. Wo - rauf war - tet der denn bloß, wo - rauf

war - tet der denn bloß, wo - rauf war - tet der denn bloß?

2. Der alte Herr im fünften Stock ganz links, / der immer freundlich
grüßt im Treppenhaus, / der alte Herr im fünften Stock ganz links, /
der setzt sich manchmal an die Sonne raus. / Dort lebt der leise vor
sich hin, / raucht Zigaretten, die er selber dreht, / macht ein paar
Schritte ohne Sinn / und fragt die Turmuhr, ob der Tag vergeht. / Und
in der Abendzeitung liest er ganz bestimmt / zuerst mal nach, von
wem man Abschied nimmt. / Worauf wartet der denn bloß? …

3. Der alte Herr im fünften Stock ganz links, / der gestern in 'nem
Kasten runterkam, / der alte Herr im fünften Stock ganz links, /
und heute schaut der mich im Spiegel an.

Worte und Musik: Stephan Sulke · Interpret: Stephan Sulke, 1976

Der Fahrstuhl

1. Der Fahr-stuhl nach o - ben ist be - setzt, Sie müs-sen war - ten. Sie kön - nen zum Weg nach o - ben jetzt erst spä - ter star - ten. Der richt'- ge Fahrstuhl für Sie fährt un - ter Um-stän-den nie. Der Fahr-stuhl nach o - ben ist be - setzt, Sie müs-sen war - ten. Sie sind kein klei - ner Mann, Sie sind kein gro - ßer Mann, Sie sind die Mit-te. Doch ab und zu stehn Sie dem Schicksal vis - a - vis mit ei - ner Bit-te:

Sie den-ken, so dumm kann ja ich nun auch nicht sein,—— ich steig mal in den Kar - ri - e - re - auf - zug ein.

Nach der 2. Str.: da capo al fine

2. Der Fahrstuhl nach oben ist besetzt,
Sie müssen warten.
Die lassen zum Weg nach oben jetzt
die andern starten.
Sie haben da keine Schuld;
drum haben Sie nur Geduld!
Der Fahrstuhl nach oben ist besetzt,
Sie müssen warten.

Sie möchten auch einmal laut rufen: „Hör'n Sie mal!"
und Leute jagen.
Sie möchten Schritte tun, wenn's sein muss, Tritte tun
und nicht erst fragen.
Sie möchten fühlen, dass Respekt Sie rings umgibt.
Sie möchten können, was der andre heut noch übt.

Worte: Kurt Feltz · Musik: Peter Laine
Interpreten: Hazy Osterwald, 1966; Liederjan, 1983

Die Alte auf der Schaukel

1. Ein Mäd-chen auf 'm Spiel-platz,
Dann geht das Mäd-chen schau-keln.

'ne al - te Frau am Rand.
Es sieht die Frau und ruft:

Die Al - te schluckt Tab - let - ten und die
„Das musst du auch mal aus - pro-biern, wir

Klei - ne spielt im Sand. 1.–4. „O - ma, willst du
flie - gen durch die Luft!"

schau - keln, dann ge - be ich dir Schwung."

„Ja, komm und gib mir Schwung, mein Herz,

dann werd ich wie - der jung!"

2. Sie denkt an ihren Kreislauf,
dann kommt ihr in den Sinn:
„Mein Gott, wie lange ist das her,
dass ich geschaukelt bin?
Das war doch auf'm Rummel,
in diesem weißen Schwan
mit diesem tätowierten Herrn.
Der himmelte mich an!"

3. Die Alte schaukelt zaghaft.
Die Kleine schiebt sie an.
Wenn jetzt nur nicht die Kette reißt.
Was da passieren kann!
Wenn jetzt nur niemand zusieht.
Ihr ist nicht wohl dabei.
„Die denken doch, ich bin verrückt,
und hol'n die Polizei."

4. Sie sieht die Wolken schwanken.
Das Alter fliegt dahin.
Dahin der Arzneigeruch,
das Ziehen in den Knien.
Sie lacht aus voller Kehle,
sie singt und schämt sich nicht.
Sie ist ein kleines Mädchen – jetzt
mit Falten im Gesicht.

Worte und Musik: Gerhard Schöne · Interpret: Gerhard Schöne, 1985

Anregung für dieses Lied war ein Bild, das Gerhard Schöne auf einer Fotoausstellung sah: Eine alte Frau sitzt lächelnd auf einer Schaukel. Ein Kind schaut zu.
Der Liedermacher Gerhard Schöne widmet sich in vielen seiner Lieder gesellschaftlichen, zwischenmenschlichen und ökologischen Themen (siehe auch S. 129).

Dirty old town

1. I met my love by the gas-works door, dreamed a dream by the old ca - nal, kissed my boy by the fact - 'ry wall, dirt-y old town, dirt-y old town.

2. The moon is shifting behind a cloud,
cats are crawling all along the beat.
Springs a girl in the streets at night.
Dirty old town, dirty old town.

3. I heard a whistle coming from the docks
and a train set the night on fire.
Smelled the spring on a smoke-filled air.
Dirty old town, dirty old town.

Worte und Musik: Ewan MacColl, 1956 · Interpreten: The Pogues, 1986

Dream a little dream of me

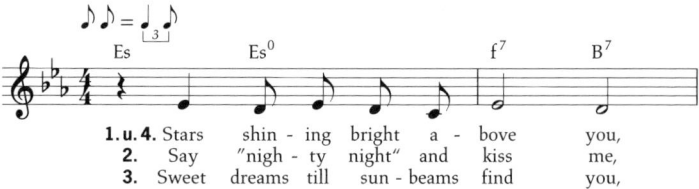

1.u.4. Stars shin - ing bright a - bove you,
2. Say "nigh - ty night" and kiss me,
3. Sweet dreams till sun - beams find you,

night bree-zes seem to whis-per "I love you",
just hold me tight and tell me you'll miss me;
sweet dreams that leave all wor-ries be-hind you,

birds sing-ing in the syc-a-more tree,——
while I'm a-lone and blue as can be,——
but in your dreams what-ev-er they be,——

"Dream a lit-tle dream of me". dream a lit-tle dream of

me. Stars fad-ing, but I lin-ger on, dear,

still crav-ing your kiss; I'm long-ing to

lin-ger till dawn, dear, just say-ing this:——

da capo (4. Str. al fine)

Worte: Gus Kahn · Musik: W. Schwandt / F. Andree, 1931

*Der Song wurde von zahlreichen Interpreten gesungen, darunter
Ella Fitzgerald, Louis Armstrong, Bing Crosby und Dean Martin.
Die heute bekannteste Version stammt von der ehemaligen Sängerin
der Gruppe The Mamas & the Papas, Cass Elliot.*

Du hast den Farbfilm vergessen

1. Hoch stand der Sand-dorn am Strand von Hid-den-
2. So bö - se stampf-te mein nack-ter Fuß den

see. Mi-cha, mein Mi-cha, und al-les tat so
Sand und schlug ich von mei-ner Schul-ter dei-ne

weh, dass die Ka-nin-chen scheu schau-ten aus dem
Hand. Mi-cha, mein Mi-cha, und al-les tat so

Bau, so laut ent-lud sich mein Leid ins Him-mel-
weh, tu das noch ein-mal, Mi-cha, und ich

blau. geh!

2. u. 4. Du hast den

Farb - film ver-ges-sen,— mein Mi-cha - el,

nun glaubt uns kein Mensch, wie schön 's hier war, a - ha, a -

ha. Du hast den Farb - film ver-ges-sen,—

bei mei-ner Seel', al - les blau und weiß und grün und
spä - ter nicht mehr wahr. Du hast den wahr.

da capo (3. Strophe)

3. Nun sitz ich wieder bei dir und mir zu Haus
und such die Fotos fürs Fotoalbum aus.
Ich im Bikini und ich am FKK,
ich frech in Mini, Landschaft ist auch da, ja!

4. Aber wie schrecklich – die Tränen kullern heiß –
Landschaft und Nina und alles nur schwarz-weiß.
Micha, mein Micha, und alles tut so weh,
tu das noch einmal, Micha, und ich geh!

Worte: Kurt Demmler · Musik: Michael Heubach · Interpretin: Nina Hagen, 1973

*Mit diesem Lied wurde Nina Hagen (geb. 1955) in der DDR bekannt.
Nach ihrer Übersiedlung in die Bundesrepublik Deutschland machte
sie eine internationale Karriere als Rocksängerin.*

Early mornin' rain

1. In the ear-ly mornin' rain with a dol-lar in my hand
2. Out on runway number nine, big Seven-o-sev-en set to go,

and an ach-in' in my heart and my pockets full of sand
but I'm stuck here in the grass where the cold wind blows.

I'm a long way from home and I miss my loved one so.
Now the liquor tast-ed good and the women all were fast;

In the ear-ly morn-in' rain with no place to go.
well, there she goes, my friend, she's rolling now at last.

3. Hear the mighty engines roar, / see the silver bird on high.
She's away and westward bound, / far above the clouds she'll fly.
Where the mornin' rain don't fall / and the sun always shines.
She'll be flyin' o'er my home / in about three hours time.

4. This old airport's got me down, / it's no earthly good to me
'cause I'm stuck here on the ground / as cold and drunk as I can be.
You can't jump a jet plane / like you can a freight train,
so I'd best be on my way / in the early mornin' rain.

Worte und Musik: Gordon Lightfoot · Interpret: Gordon Lightfoot, 1964

Entschuldigt bitte, dass ich da bin

1.–3. Ent-schul-digt bit-te, dass ich da bin.

Ein Mensch, das klingt so stolz und un-be-quem.

Ent-schul-digt bit-te, dass ich da bin.

Viel-leicht wär's gut, ich würd gleich wie-der gehn. **1.** Ach,

stellt euch vor, ich wär ein Stern ge-wor-den.__ Ihr

hät-tet Spaß__ an mir fast je-de Nacht__ und

könn-tet euch am Ta-ge von mir aus - ruhn. Statt-des-sen

1. stehl ich euch im Bus den Platz. **2.** Ach, Bus den Platz.

2. Ach, stellt euch vor, ich wäre eine Rose.
Ich wäre zart und schön, vor allem stumm.
Ich würde höchstens denken, nie was sagen.
Vor allem niemals fragen, ja warum.

3. Ach, stellt euch vor, ich wär ein Wind geworden.
Ich strich auch ab und zu sacht übers Haar.
Und würd von euch kein Streicheln je verlangen.
Und wär, wenn ihr die Tür schließt, nicht mehr da.

Worte: Stefan Elßner · Musik: Andreas Borchert, 1989

33

Er gehört zu mir

1.–3. Er ge - hört zu mir____ wie mein Na - me
an der Tür____ und ich weiß, er bleibt hier.____

1. Nie ver - gess ich un - sern ers - ten Tag,____
2. Al - les fan - gen wir ge - mein - sam an,____
3. Nein, ich hab es ihm nie leicht____ ge - macht,

na - na - na - na - na - na, denn ich
na - na - na - na - na - na,____ doch ver -
na - na - na - na - na - na,____ mehr als

fühl - te gleich,____ dass er mich mag,____
gess ich nie,____ wie man al - lein sein kann,____
ein - mal hab____ ich mich ge - fragt,____

na - na - na - na - na - na. Ist es wah - re
na - na - na - na - na - na. Steht es in den
na - na - na - na - na - na: Ist es wah - re

Lie - be,____ die nie mehr ver - geht,
Ster - nen,____ was die Zu - kunft bringt,
Lie - be,____ die nie mehr ver - geht,

o - der wird die Lie - be____ vom Win - de ver -
o - der muss ich ler - nen,____ dass al - les zer -
o - der wird die Lie - be____ vom Win - de ver -

weht? _____
rinnt? _____

weht? _____

Er gehört zu mir, _____ für im-mer zu mir, _____

er ge-hört zu mir, _____ für im - mer zu

mir. _____ Er ge - hört zu mir _____

wie mein Na - me an der Tür _____ und ich

weiß, er bleibt hier. _____ Er ge-hört zu mir! _____

Worte: Christian Heilburg · Musik: Joachim Heider
Interpretin: Marianne Rosenberg, 1975

Die meisten Schlager bleiben nur für kurze Zeit aktuell. Einigen
gelingt es, über viele Jahre populär zu bleiben. Ein solcher „Evergreen"
ist „Er gehört zu mir".

Ermutigung

1. Du, lass dich nicht ver-här-ten in die-ser har-ten Zeit. Die all-zu hart sind, bre-chen, die all-zu spitz sind, ste-chen und bre-chen ab so-gleich und bre-chen ab so-gleich.

2. Du, lass dich nicht verbittern in dieser bittren Zeit.
   Die Herrschenden erzittern – sitzt du erst hinter Gittern –
   doch nicht vor deinem Leid.

3. Du, lass dich nicht erschrecken in dieser Schreckenszeit.
   Das wolln sie doch bezwecken, dass wir die Waffen strecken
   schon vor dem großen Streit.

4. Du, lass dich nicht verbrauchen, gebrauche deine Zeit.
   Du kannst nicht untertauchen, du brauchst uns und wir brauchen
   grad deine Heiterkeit.

5. Wir wolln es nicht verschweigen in dieser Schweigezeit.
   Das Grün bricht aus den Zweigen, wir wolln das allen zeigen,
   dann wissen sie Bescheid.

Worte und Musik: Wolf Biermann · Interpret: Wolf Biermann, 1977

Wolf Biermann (geb. 1936) ist einer der wichtigsten deutschen Liedermacher. Aus politischen Gründen wurde er im Jahre 1976 aus der DDR in die Bundesrepublik Deutschland ausgebürgert.

Eternal flame

1. Close your eyes, give me your hand,— (dar-ling)
2. I be-lieve it's meant to be,— (dar-ling)

do you feel my heart beat - ing, do you un-der-
watch you when you are sleep - ing: you be-long with

stand? Do you feel the same?__ Am I on-ly
me. Do you feel the same?__ Am I on-ly

dream - ing; is this burn-ing an e-ter-nal flame?
dream - ing, or

is this burning an e-ter-nal flame? Say my name,

sun shines through the rain;___ a whole life so

lone - ly, and then come and ease__ the pain.__

I don't want to loose this feel - ing, oh.

Worte und Musik: Tom Kelly/Billy Steinberg/Susanna Hoffs
Interpreten: The Bangles, 1988

37

Feliz Navidad

Fe - liz Na - vi - dad, Fe - liz Na - vi -
dad, Fe - liz Na - vi - dad, prós - pe - ro a -
- ño y fe - li - ci - dad. Fe - liz Na - vi -

We want to wish__ you a mer - ry Christ - mas,
Wir wünschen euch__ ei - ne fro - he Weih - nacht,

we want to wish__ you a mer - ry Christ - mas,
wir wünschen euch__ ei - ne fro - he Weih - nacht,

we want to wish__ you a mer - ry Christ - mas, from the
wir wünschen euch__ ei - ne fro - he Weih - nacht und ein

bot - tom of our heart._____
gu - tes neu - es Jahr._____

Worte und Musik: José Feliciano · Interpret: José Feliciano, 1970

José Feliciano (geb. 1945) ist ein bedeutender puertoricanischer Gitarrist und Rockmusiker, dessen Musik u. a. von Einflüssen lateinamerikanischer Folklore geprägt ist.

Five hundred miles

1. If you miss the train I'm on, you will know that I am gone, you can hear the whis-tle blow one hun-dred miles,—— one hun-dred miles, one hun-dred miles, one hun-dred miles, one hun-dred miles, you can hear the whis-tle blow one hun-dred miles.

2. Lord, I'm one, Lord, I'm two, Lord, I'm three, Lord, I'm four,
Lord, I'm five hundred miles from my home.
Five hundred miles (4×), Lord, I'm five hundred miles from my home.

3. Not a shirt on my back, not a penny to my name,
Lord, I can't go at home this-a-way.
This-a-way (4×), Lord, I can't go at home this-a-way.

4. If you miss the train I'm on, you will know that I am gone,
you can hear the whistle blow one hundred miles.
One hundred miles (4×), you can hear the whistle blow
one hundred miles.

Worte und Musik: Hedy West (nach einem überlieferten Volkslied), 1961

*Hedy West, 1938 in den USA geboren, greift in ihren Songs öfter
Melodien und Texte überlieferter Lieder auf. Sie wuchs in einer Familie
mit langer folkloristischer Tradition auf. Ihr Vater war ein anerkannter
Dichter im Süden der USA. Hedy West leitet Folk-Festivals und
zusammen mit Alan Lomax veröffentlichte sie eine bedeutende
Sammlung amerikanischer Volksweisen.*

Frag mich nicht (Soll sein)

1. Der Win - ter___ soll___ wie-der rich - tig kalt sein, _
2. Die Bäu - me___ solln___ wie-der mei - ne Brü - der sein,
3. Der Re - gen___ soll___ wie-der sei - nen Bo - gen schlagen

und auf 'm Dach soll Schnee sein, a - ber weiß. _____
wir las - sen uns - re Wun - den heil'n. _____
zwischen Schwarz und Weiß wie'n bun - ter___ Arm.

Rings um mein Haus soll wie - der rich - tig Wald sein_
In den Zwei-gen solln die Vö - gel wie - der woh - nen_
Und das Rot da - rin soll nicht mehr so___ ver - lo - gen sein

und der O - fen drin-nen rich - tig heiß. Mein
und_ mit_ mir die Kirschen teil'n. Ich
und_ Grün und Gelb nicht mehr so arm. Die

Tep-pich, der_ soll end - lich wie - der flie - gen, _____ mein
will auch wie - der mit den Tie - ren spre - chen können und
Pil - ze sol - len wie - der in die Bom - ben kriechen und die

Zau - ber-pferd kommt an - ge - trabt. Die
ich will_____ das_ Gras_ ver - stehn. Was es
Bom - ben wie - der_ in'n Flugzeug-bauch. Das_

Flaschen - geis - ter könn'n mich nicht mehr krie - gen, _
flüs-tert in den blau - en Som - mer - näch - ten, _
Loch im Him - mel soll sich wie - der schlie - ßen_

weil ich wie - der Freun - de__ hab.__
ich hab mich so lang da-nach ge - sehnt.
und die Lö - cher in der Er - de auch.

Frag mich nicht wie,__ frag mich nicht wann,_ 's ist doch

nur 'n Lied,__ a - ber mit 'm Lied__ fang ich

erst mal an. __ fang ich erst mal an.

Worte und Musik: Gerhard Gundermann · Interpret: Gerhard Gundermann, 1991

Gerhard Gundermann (1955–1998) gehörte zu jenen Liedermachern der DDR, die auch im vereinten Deutschland ihre Stimme erhoben und sich kritisch mit ihrer Vergangenheit auseinander gesetzt haben.

Freight train blues

1. I hate to hear that freight train blow: whoo! whoo! _____

I hate to hear that _____ freight train blow: whoo! whoo! _____

Ev-'ry time I hear it blowin' I feel like rid-in' too. _____

2. I / asked the brakeman to / let me ride the / blind,
yes, I / asked the brakeman to / let me ride the / blind.
He / said: Little girlie, you / know this train ain't / mine.

3. That's a / mean old fireman, / cruel old engi-/neer,
a / mean old fireman, / cruel old engi-/neer,
it was / mean old train that took my / man away from / here.

4. I've got the / freight train blues but I'm / too darn mean to / cry,
I've got the / freight train blues, / too darn mean to / cry,
I'm gonna / love that man / till the day he / dies.

5. There's / three trains ready but / none ain't goin' my / way,
there's / three trains ready but / none ain't goin' my / way,
but the / sun's gonna shine in / my back door some / day.

Worte und Musik: aus den USA

Freiheit

1. Die Ver-trä - ge sind ge - macht   und es
2. Die Ka-pel - le rum-ta - ta   und der

wur-de viel ge-lacht und was Sü-ßes zum Des-
Papst war auch schon da und mein Nach-bar vor-ne-

sert, Frei-heit, Frei-heit.
weg, Frei-heit, Frei-heit ist die Ein-zi-ge, die fehlt.

__ Frei-heit, Frei-heit ist die Ein-zi-ge, die fehlt.

3. Der Mensch ist lei-der nicht na-iv. Der Mensch ist

lei-der pri-mi-tiv. Frei-heit, Frei-heit__

wurde wie-der ab-be-stellt. **4.** Al-le, die von Freiheit

träumen, sollten 's Fei-ern nicht ver-säumen,

sol-len tan-zen auch auf Grä-bern. Frei-heit,__

Frei-heit__ ist das Ein-zi-ge, was zählt. Frei-heit,

Frei-heit __ ist das Ein-zi-ge, was zählt.

Worte und Musik: Marius Müller-Westernhagen
Interpret: Marius Müller-Westernhagen, 1990

Grips-Lied

1. Wenn ich heim-komm und der Pa-pi brüllt: „Hol mir
2. Wenn ich groß bin, will ich et-was wer-den und
3. Wenn wir strei-ten, freu-en sich die Mücken-ma-cher,

die Pan-tof-feln rein", sag ich: „Nein!" Und wenn
nicht nur Hausfrau sein. Das wird schön. Dann darf
denn das stärkt ih-re Macht. Doch wenn

Ma-mi schimpft: „Du musst Pa-pi stets ge-
kei-ner ei-nem was be-feh-len und kei-ner
wir uns un-ter-'nan-der ei-nig sind, ver-

hor-sam sein", sag ich: „Nein!" Keinen Finger mach
um sich schrei'n. Das wird schön. Keiner bil-
lie-ren sie ih-re Macht. Kinder, worauf war-

ich mehr krumm, wenn man mir nicht sagt wa-rum.
det sich ein mehr wert als ein andrer zu sein.
-tet ihr? Macht es so wie wir!

Ei-nes Tag's sehn sie's ein. Das wird fein!
Da-zu braucht's et-was Grips, wei-ter nix!
Da-zu braucht's et-was Grips, wei-ter nix!

Worte: Volker Ludwig · Musik: Birger Heymann, 1972

Groß ist der Reichtum der Welt

1. Groß ist der Reich - tum — der Welt — heu - te noch
2. Gibt es den Reich - tum — der Welt — mor - gen noch
3. Gibt es den Reich - tum — der Welt — mor - gen noch
4. Ge -hört der Reich - tum — der Welt — al - len schon

— und uns - re Er - de — bleibt — un - ser Stern.
— o - der ist vie - les da - von — schon hin? —
— o - der ist vie - les — da - von — schon hin? —
— o - der bleibt vie - len nicht viel – ver - sagt? —

— (1.) Wenn auch die — Menschheit heut schon nach
— (2.) Die Luft, die uns erst le - ben lässt,
— (3.) Das Land und auch die O - ze - a - ne

and-ren Ster - nen greift, bleibt die Er - de der ei -
hüllt den Erd - ball ein. — Soll für al - le, die nach
können sich nicht wehr'n. Ih - re Schätze soll'n Spä-

- ne Stern, wo — al - les wächst und reift. —
— uns kom - men, sie schon ver - gif - tet sein? —
- te - ren — auch — so wie uns — ge - hör'n. –

4. Strophe al fine

Worte: Fred Gertz · Musik: Holger Biege · Interpret: Holger Biege, 1979

Gute Nacht, Freunde

1.–3. Gu - te Nacht, Freun - de, es wird Zeit für mich zu gehn. Was ich noch zu sa - gen hät - te, dau - ert ei - ne Zi - ga - ret - te und ein letz - tes Glas im Stehn.

1. Für den Tag, für die Nacht un - ter eu - rem Dach habt Dank, für den Platz an eu - rem Tisch, für je - des Glas, das ich trank, für den Tel - ler, den ihr mir zu den Eu - ren stellt, als sei selbst - ver - ständ - li - cher nichts auf der Welt.

2. Habt Dank für die Zeit, die ich mit euch ver - plau - dert hab, und für eu - re Ge -

duld, wenn's mehr als ei - ne Mei-nung gab, da - für, dass ihr nie

fragt, wann ich komm o - der geh, für die stets of - fe - ne

Tür, in der ich jetzt steh! **3.** Für die Frei - heit,

die als ste - ter Gast bei euch wohnt, habt Dank, dass ihr nie

fragt, was es bringt, ob es lohnt. Viel-leicht liegt es da -

ran, dass man von drau - ßen meint, dass in eu - ren

Fens-tern das Licht wär - mer scheint!

Worte und Musik: Reinhard Mey · Interpret: Reinhard Mey, 1972

Reinhard Mey (geb. 1942) gehört zu den bekanntesten deutschen Chansonsängern und Liedermachern. In seinen Liedern widmet er sich vor allem Alltagsthemen.

Have you ever seen the rain

E
1. Some-one told me long a - go:
There's a calm be - fore the storm. I know,
H E
it's been com - ing for some - time.
H E
When it's o - ver, so they say,
H
it 'll rain a sun - ny day, I know,
E E7 A
shining down like wa - ter. 1. u. 2. I want to
H E E/Dis cis cis/H
know, have you ev - er seen the rain,
A H E E/Dis cis cis/H
I want to know, have you ev-er seen the rain
A A/H E
com-in' down on a sun - ny day.

2. Yesterday and days before, sun is cold and rain is hard,
I know, been that way for all my time.
'Til forever on it goes, thru the circle fast and slow.
I know, it can't stop, I wonder.

Worte und Musik: J. C. Fogerty · Interpreten: Creedence Clearwater Revival, 1970

Heart of gold

1. I wan-na live,
   I wan-na give,
2. I've been to Hol-ly-wood,
   I've been to Red-wood,

I've been a min-er for a heart of gold.
I crossed the o-cean for a heart of gold.

It's these ex-pres-sions
I've been in my mind,
I nev-er give,
it's such a fine line

1. u. 2. that keeps me search-in' for a heart of gold.

And I'm get-tin' old.

Keeps me search-in' for a heart of gold.

And I'm get-tin' old.

Worte und Musik: Neil Young · Interpret: Neil Young, 1972

Neil Young, 1945 in Toronto (Kanada) geboren, wurde vor allem als Mitglied der Gruppe Crosby, Stills, Nash & Young weltweit bekannt. Seine Songs sowie sein Gesangs- und Gitarrenstil beeinflussten viele Musiker.

Heute hier, morgen dort

1. Heu - te hier, mor - gen dort, bin kaum da, muss ich

fort, hab mich nie - mals des - we - gen be - klagt.

Hab es selbst so ge - wählt, nie die Jah - re ge -

zählt, nie nach ges - tern und mor - gen ge - fragt.

1.–3. Manchmal träu - me ich schwer und dann denk ich, es

wär Zeit zu blei - ben und nun was ganz and - res zu

tun. So ver - geht Jahr um Jahr und es ist mir längst

klar, dass nichts bleibt, dass nichts bleibt, wie es war.

-geht Jahr um Jahr und es ist mir längst klar,—

— dass nichts bleibt, dass nichts bleibt, wie es war.

2. Dass man mich kaum vermisst,
schon nach Tagen vergisst,
wenn ich längst wieder anderswo bin,
stört und kümmert mich nicht,
vielleicht bleibt mein Gesicht
doch dem ein'n oder andern im Sinn.

3. Fragt mich einer, warum
ich so bin, bleib ich stumm,
denn die Antwort darauf fällt mir schwer,
denn was neu ist, wird alt,
und was gestern noch galt,
stimmt schon heut oder morgen nicht mehr.

Worte: Hannes Wader · Musik: Gary Bolstadt · Interpret: Hannes Wader, 1972

*Hannes Wader ist seit den Siebzigerjahren einer der wichtigsten
Liedermacher und Folksänger im deutschsprachigen Raum.
„Heute hier, morgen dort" ist die deutsche Version des amerikani-
schen Titels „Indian Summer".*

Horizont

1. Wir war'n zwei De - tek - ti - ve, die
2. Wir war'n so rich - tig Freun - de für die

Hü - te tief__ im Ge - sicht.__
E - wig - keit, 's war doch klar,__

Al - le Stra - ßen end - los, Bar - ri -
hab'n die Wol - ken nicht ge - sehn am Ho - ri -

ka - den gab's für uns doch nicht.
zont,__ bis es dun - kel war.

Du und ich, das war ein - fach un - schlag - bar,
Und dann war's pas - siert, hab es nicht ka - piert,

ein Paar wie Blitz und Don - ner und im - mer
ging al - les viel zu schnell,__ doch zwei wie

nur auf bren - nend__ hei - ßer Spur.__
wir, die dür - fen sich nie__ ver - liern.__

1. u. 2. Hin - term__ Ho - ri - zont geht's wei - ter,

ein neu - er Tag,__ hin - term__ Ho -

- ri - zont,___ im - mer wei - ter,
zu - sam-men sind wir___ stark.___ Das mit uns___
___ ging so tief rein,___ das kann nie___ zu
En - de sein,___ so was Gro - ßes
geht nicht ein - fach so vor - bei.___

Worte und Musik: Udo Lindenberg · Interpret: Udo Lindenberg, 1987

*Udo Lindenberg (geb. 1946) war einer der ersten Rock-Musiker,
der mit Liedern in deutscher Sprache Erfolg hatte. Wie Phil Collins
(vgl. S. 12/13) begann er seine Laufbahn als Schlagzeuger. Für sein
soziales und politisches Engagement wurde ihm im November 1989
das Verdienstkreuz der Bundesrepublik Deutschland verliehen.*

Ich wollte nie erwachsen sein

C G e
1. Ich woll-te nie er-wachsen sein, hab immer mich zur
F C
Wehr ge - setzt. Von au - ßen war ich hart wie Stein
G e F C
und doch hat man mich oft ver - letzt.
G F G
1. u. 2. Ir - gend - wo tief in mir bin ich ein Kind ge -
F C e F
blie - ben. Erst dann, wenn ich's nicht mehr spü - ren
C G F C
kann, weiß ich, es ist für mich zu spät, zu spät.

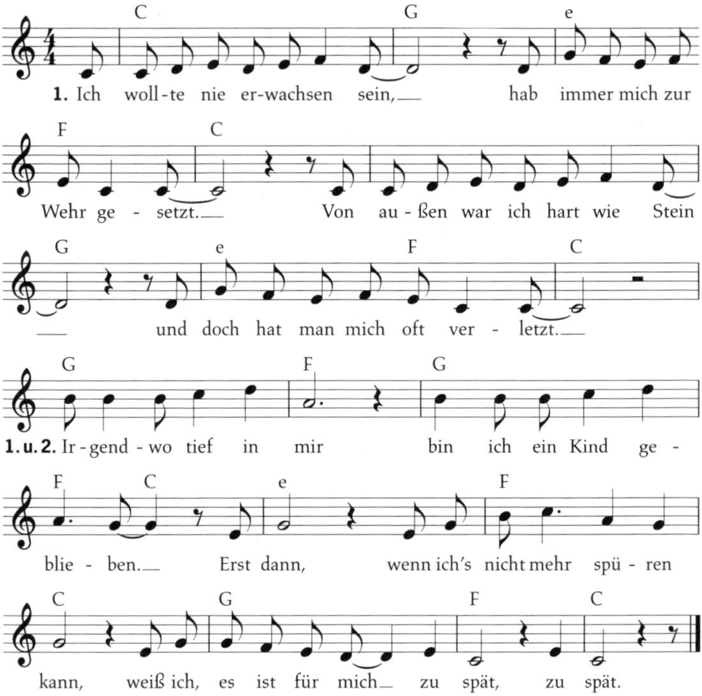

2. Unten auf dem Meeresgrund, wo alles Leben ewig schweigt,
kann ich doch meine Träume sehn, die Luft, die aus der Tiefe steigt.

Worte: Rolf Zuckowski · Musik: Peter Maffay · Interpret: Peter Maffay, aus dem Kinder-Musical-Zyklus „Tabaluga" (1983–86)

I got rhythm

3
G a7 D7 h7 e7 a7 D7
I got rhy - thm, I got mu - sic,

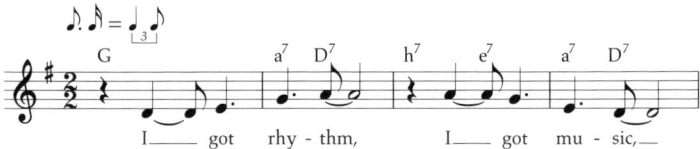

Worte: Ira Gershwin · Musik: George Gershwin, 1930
Interpreten: Ethel Merman, 1930; Gene Kelly, 1952

„I got rhythm" entstammt dem Musical „Girl Crazy". George
Gershwin (1898–1937) verband in seiner Musik klassische Traditionen
mit Elementen des Jazz und der Unterhaltungsmusik. Zu vielen seiner
Lieder schrieb sein Bruder Ira die Texte.

I just called to say I love you

1. No New Year's day   to cel - e -
2. No A - pril rain,   no flow - ers

brate,   no choc' - late cov - ered can - dy hearts
bloom,   no wed - ding Sat - ur - day___ with - in___

___ to give___ a - way.___   No first   of
___ the month of June.___   But what   it

spring,___   no song to   sing,   in fact here's
is,___   is some - thing true,   made up of

just   an - oth - er or - di - nar - y   day.___
these three words   that I   must say___   to you.___

2. u. 4. I   just   called___   to   say___   I   love_

___ you, ___   I   just   called___   to   say_

___ how much I   care. ___   I   just   called   to   say_

56

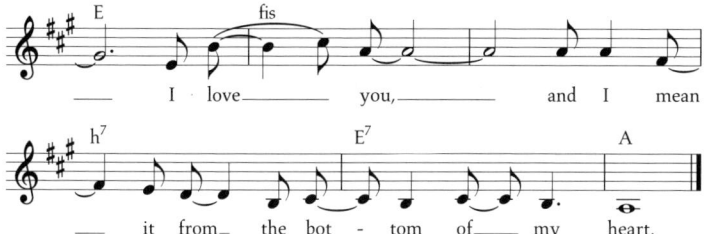

I love you, and I mean it from the bottom of my heart.

3. No summer's high, no warm July,
   no harvest moon to light one tender August night.
   No autumn breeze, no falling leaves,
   not even time for birds to fly to southern skies.

4. No Libra sun, no Halloween,
   no giving thanks to all the Christmas joy you bring.
   But what it is though old so new,
   to fill your heart like no three words could ever do.

Worte und Musik: Stevie Wonder · Interpret: Stevie Wonder, 1984

Stevie Wonder (eigentlicher Name: Steveland Judkins) kam 1950 in den USA blind zur Welt und galt schon bald als musikalisches Wunderkind. „I just called to say I love you" schrieb Stevie Wonder für den Film „The woman in red". Er erhielt dafür einen Oscar für den erfolgreichsten Filmsong des Jahres 1984.

Into the great wide open

1. Ed - die wait - ed till he fin - ished high school.

He went to Hol - ly - wood got a tat - too.

He met a girl out there with a tat - too too.

___ The fu - ture was wide o - pen.

2. They moved in to a place they both could af - ford.

He found a night-club he could work at the door.

She had a gui - tar and she taught him some chords,

___ the sky was the lim - it.

2. u. 4. In - to the great___ wide o - pen

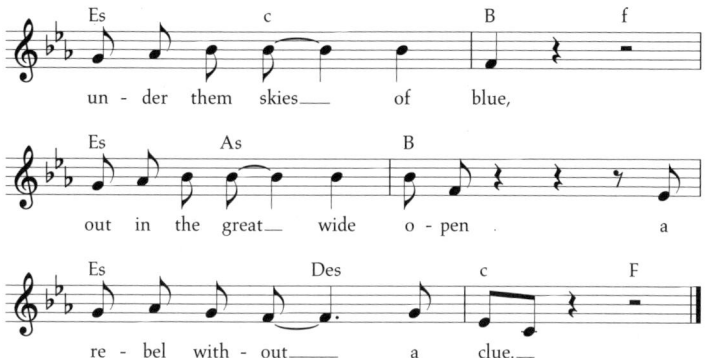

un - der them skies___ of blue,

out in the great___ wide o - pen . a

re - bel with - out___ a clue.___

3. The papers said Ed always played from the heart.
He got an agent and a roadie named Bart.
They made a record and it went in the charts.
The sky was the limit.

4. His leather jacket had chains that would jingle.
They both met movie stars partied and mingled.
Their A and R* man said: "I don't hear a single."
The future was wide open.
Into the great wide open ...

Worte und Musik: Tom Petty / Jeff Lynne
Interpreten: Tom Petty & The Heartbreakers, 1991

*Der Gitarrist, Sänger und Songschreiber Tom Petty wurde 1952 in
Florida geboren. Mit George Harrison (Ex-Beatle), Jeff Lynne (Electric
Light Orchestra), Bob Dylan und Roy Orbison gründete er 1988 die
„Supergruppe" Travelling Willburys, die sich nach dem Tod von
Orbison auflöste.*

* A & R (Artist & Repertoire): Abteilung in Schallplattenfirmen, die für die
  künstlerische Zusammenarbeit mit den Interpreten verantwortlich ist.

It don't mean a thing

Worte: Irving Mills · Musik: Duke Ellington, 1932

Duke Ellington (1899–1974) war einer der bedeutendsten Jazz-Pianisten und Bandleader. Er prägte mit seinem Orchester wie auch mit seinen Kompositionen maßgeblich die Entwicklung des Jazz.

It's a heartache

Worte und Musik: Ronnie Scott/Steven Wolfe · Interpretin: Bonnie Tyler, 1978

J

Jamaica farewell

1. Down the way where the nights are gay — and the sun shines dai-ly on the moun-tain top, — I took a trip on a sail-ing ship — and when I reached Ja-mai-ca I made a stop. — **1.–3.** But I'm sad to say, I'm on my way, — won't be back for man-y a day. My heart is down, — my head is turn-ing a-round, I had to leave a lit-tle girl in Kings-ton town. — But I'm Kings-ton town. —

2. Sounds of laughter / ev'rywhere and the / dancing girls swaying / to and fro. / I must declare my / heart is there, tho' I've / been from Maine to / Mexico.

3. Down at the market / you can hear ladies / cry out while on their / heads they bear / "ackey rice, salt / fish are nice and the / rum is fine any / time of year".

Worte und Musik: Irving Burgie (Lord Burgess) · Interpret: Harry Belafonte, 1955

Junimond

1. Die Welt schaut rauf— zu mei-nem
2. Zwei-tau-send Stun-den hab ich ge-

Fens-ter mit mü-den Au-gen, ganz stau-big und scheu.
war-tet, ich hab sie al-le ge-zählt und ver-flucht.

Ich bin hier o-ben auf— mei-ner Wol-ke,
Ich hab ge-trun-ken, geraucht und ge-be-tet,

ich seh dich kom-men, a-ber du gehst vor-bei.
hab dich fluss-auf- und fluss-ab-wärts ge-sucht.

1. u. 2. Doch jetzt tut's nicht mehr weh,—

nee, jetzt tut's nicht mehr weh— und

al-les bleibt stumm und kein Sturm kommt auf, wenn ich dich

seh. Es ist vor-bei, bye bye, Ju-ni-mond, es ist vor-

bei, es ist— vor-bei, bye bye.

Worte und Musik: Martin Hartmann/Rio Reiser · Interpret: Rio Reiser, 1986

K

Karl, der Käfer

1. Tief im Wald, zwischen Moos und Farn, da leb-te ein Kä - fer mit Na-men Karl. Sein Le - ben wur - de jäh ge - stört, als er ein dumpfes Grollen hört. Lär-men-de Ma-schi-nen ü - ber - rol - len den Wald, ü - ber - tö - nen den Ge - sang der Vö - gel schon bald.— Mit schar - fer Axt fällt man Baum um Baum,— zer - stört da - mit sei - nen Le - bens - raum. Karl, der Kä - fer, wur - de nicht ge - fragt, man hat - te ihn ein - fach fort - ge - jagt.—

2. Ein Band aus As - phalt   brei - tet sich aus, —
for - dert die Na - tur   zum Rück - zug auf. —   Ei - ne
Blu - me,   die noch am   We - ges - rand   steht, —
wird einfach   zu - ge - teert.   Karl   ist schon
längst nicht mehr   hier, —   ei - nen Platz   für Tie - re —
gibt's da nicht mehr.   Dort,   wo Karl —   ein - mal zu
Hau - se war,   fahr'n jetzt Kä - fer   aus Blech und Stahl.

dal segno al fine

Worte: Gerald Dellmann · Musik: Gerald Dellmann/Dieter Roesberg, 1983

Kinder (Sind so kleine Hände)

1. Sind so klei - ne Hän - de, — winz'-ge Fin - ger dran. Darf man nie drauf schla - gen, — die zer - bre - chen dann. Sind so — klei - ne Fü - ße mit so klei - nen Zeh'n, darf man nie — drauf tre - ten, könn'n sie sonst nicht gehn.

2. Sind so kleine Ohren scharf, und ihr erlaubt.
   Darf man nie zerbrüllen, werden davon taub.
   Sind so schöne Münder, sprechen alles aus.
   Darf man nie verbieten, kommt sonst nichts mehr raus.

3. Sind so klare Augen, die noch alles sehn.
   Darf man nie verbinden, könn'n sie nichts verstehn.
   Sind so kleine Seelen, offen und ganz frei.
   Darf man niemals quälen, gehn kaputt dabei.

4. Ist so'n kleines Rückgrat, sieht man fast noch nicht.
   Darf man niemals beugen, weil es sonst zerbricht.
   Grade, klare Menschen wär'n ein schönes Ziel.
   Leute ohne Rückgrat hab'n wir schon zu viel.

Worte und Musik: Bettina Wegner · Interpretin: Bettina Wegner, 1979

Kinderhymne

1. An-mut spa-ret nicht noch Mü-he, Lei-den-schaft nicht
3. un-ter al-len Völ-kern
noch Ver-stand, dass ein gu-tes Deutsch-land
woll'n wir sein, von der See bis zu den
blü-he wie ein and-res gu-tes Land. 2. Dass die
Al-pen, von der O-der bis zum Rhein. 4. Und weil
Völ-ker nicht er-blei-chen wie vor ei-ner Räu-be-
wir dies Land ver-bes-sern, lie-ben und be-schir-men
rin, son-dern ih-re Hän-de rei-chen uns wie
wir's. Und das liebs-te mag's uns schei-nen so wie
an-dern Völ-kern hin, uns wie an-dern Völ-kern
an-dern Völ-kern ihrs, so wie an-dern Völ-kern
hin. 3. Und nicht ü-ber und nicht ihrs.

Worte: Bertolt Brecht · Musik: Hanns Eisler, 1949

Brechts Worte entstanden unter dem Eindruck der Schrecken des Zweiten Weltkrieges als Mahnung, dass von Deutschland nie mehr ein Krieg ausgehen darf.

Kleines Senfkorn Hoffnung

1. Klei - nes Senf - korn Hoff - nung, mir um - sonst ge -
schenkt. Wer - de ich dich pflan - zen, dass du wei - ter
wächst, dass du wirst zum Bau - me,—
der uns Schat - ten wirft, Früch - te trägt für
al - le, al - le, die in Ängs - ten sind.

2. Kleiner Funke Hoffnung, mir umsonst geschenkt,
werde ich dich nähren, dass du überspringst,
dass du wirst zur Flamme, die uns leuchten kann,
Feuer schlägst in allen, allen, die im Finstern sind.

3. Kleine Münze Hoffnung, mir umsonst geschenkt,
werde ich dich teilen, dass du Zinsen trägst,
dass du wirst zur Gabe, die uns leben lässt,
Reichtum selbst für alle, alle, die in Armut sind.

4. Kleine Träne Hoffnung, mir umsonst geschenkt,
werde ich dich weinen, dass dich jeder sieht,
dass du wirst zur Trauer, die uns handeln macht,
leiden lässt mit allen, allen, die in Nöten sind.

5. Kleines Sandkorn Hoffnung, mir umsonst geschenkt,
werde ich dich streuen, dass du manchmal bremst,
dass du wirst zum Grunde, der uns halten lässt,
Neues wird mit allen, allen, die in Zwängen sind.

Worte: Alois Albrecht · Musik: Ludger Edelkötter, 1978

Knockin' on heaven's door

1. Ma - ma, take____ this badge from me,____
I can't use____ it an - y - more.____
It's get - tin' dark,____ too dark to see,____
I feel like I'm knock - in' on heav - en's door.____

1. u. 2. Knock, knock, knock - in' on heav - en's door,____
knock, knock, knock - in' on heav - en's door.____

2. Mama, put my guns in the ground, I can't shoot them anymore.
That long black cloud is comin' down, I feel like I'm knockin'
on heaven's door.

Worte und Musik: Bob Dylan · Interpret: Bob Dylan, 1973

*Bob Dylan schrieb dieses Lied für den Western „Pat Garrett jagt Billy
the Kid" (1973). Er gehört zu den bedeutendsten Folk- und Rock-
poeten. „Knockin' on heaven's door" wurde auch in Interpretationen
von Eric Clapton und Guns N' Roses bekannt.*

L

La bamba

Pa - ra bai - lar la bam - ba, pa - ra bai - lar la
bam - ba, se ne - ce - si___ u - na po - ca de gra - cia,
u - na po - ca de gra - cia pa - ra mí, pa - ra ti.___ Y a -
rri - ba, y a - rri - ba. Y a - rri - ba, y a - rri - ba. Por ti se - ré,
___ por ti se - ré, por ti se - ré.___ Yo no soy ma - ri -
ne - ro, yo no soy ma - ri - ne - ro, soy ca - pi - tán,
___ soy ca - pi - tán, soy ca - pi - tán.___
Bam - ba, bam - ba, bam - ba, bam - ba,
bam - ba, bam - ba, bam - ba, bam - ba.

Worte und Musik: Ritchie Valens · Interpret: Ritchie Valens, 1958; Los Lobos, 1987

(Aussprachehilfen siehe Seite 19)

Let it be

Wiederholung nur bei Strophe 2 und 3

2. And when the broken-hearted people living in the world agree, / there will be an answer, let it be. / For though they may be parted there is still a chance that they will see, / there will be an answer, let it be.

3. And when the night is cloudy there is still a light that shines on me, / shines until tomorrow, let it be. / I wake up to the sound of music – Mother Mary comes to me, / speaking words of wisdom, let it be.

Worte und Musik: John Lennon/Paul McCartney · Interpreten: The Beatles, 1970

Love is blue (L'amour est bleu)

1. Blue, blue, my world is blue, blue is my world now
1. Doux, doux, l'a - mour est doux, douce est ma vie, ma

I'm with - out you. Grey, grey, my life is grey,
vie dans tes bras. Doux, doux, l'a - mour est doux,

cold is my heart since you went a - way.
douce est ma vie, ma vie près de toi.

2. Red, red, my eyes are red, cry - ing for you a -
2. Gris, gris, l'a - mour est gris, pleu - re mon cœur lors -

lone in my bed. Green, green, my jeal - ous heart,
que tu t'en vas. Gris, gris, le ciel est gris,

I doubt - ed you and now we're a - part.
tom - be la pluie quand tu n'es plus là.

2. u. 3. When we met, how the bright sun shone.
2. u. 3. Com - me l'eau, com - me l'eau qui court

Then love died, now the rain - bow is gone.
moi, mon cœur, court a - près ton a - mour.

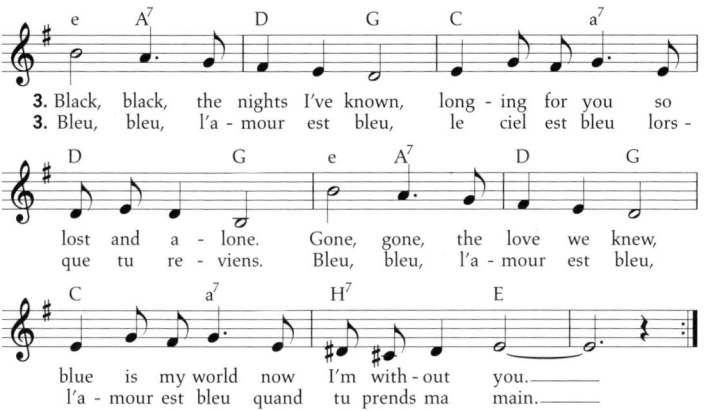

3. Black, black, the nights I've known, long - ing for you so
3. Bleu, bleu, l'a - mour est bleu, le ciel est bleu lors -

lost and a - lone. Gone, gone, the love we knew,
que tu re - viens. Bleu, bleu, l'a - mour est bleu,

blue is my world now I'm with - out you._____
l'a - mour est bleu quand tu prends ma main._____

4. Blue, blue, my world is blue,
blue is my world now I'm without you.
Grey, grey, my life is grey,
cold is my heart since you went away.

4. Fou, fou, l'amour est fou,
fou comme toi et fou comme moi.
Bleu, bleu, l'amour est bleu,
l'amour est bleu quand je suis à toi.

*Worte: Bryan Blackburn (engl.)/Pierre Cour (franz.) · Musik: André Popp
Interpret: Paul Mauriat, 1968*

*Das französische Chanson „L'amour est bleu" hat zahlreiche
Bearbeitungen erfahren und ist vor allem in der englischen Version
zum Evergreen geworden.*

Luxus

Al - le Welt auf Dro - ge, Städ - te im Schönheitsschlaf.

Pas - sa - gie - re schlür - fen eif - rig Aus - tern.

Gepflegt heißt die Pa - ro - le, ge - die - gen ge -

winnt die Wahl. Hier ist al - les sau - ber,

Froh - sinn ist an - ge - sagt. Wir drehn uns

um uns selbst, denn was pas - siert, pas - siert. Wir wollen

kei - nen Ein - fluss, wir werden gern re - giert.

Hör auf hier zu pre - di - gen. Hör auf mit der

La - be - rei. Wir fei - ern hier 'ne Par - ty und

Worte und Musik: Herbert Grönemeyer · Interpret: Herbert Grönemeyer, 1990

Macht der Gewohnheit

1. Wa - rum tut es weh zu ver - lie - ren,——— was
ei - nem ja doch nicht ge - hört?——— Zu
stark ist die Macht der Ge - wohn - heit.——— Hat
sie nicht so viel schon zer - stört?

2. Was macht es so schlimm sich zu trennen,
   auch wenn man längst weiß, es ist aus?
   Zu stark ist die Macht der Gewohnheit,
   man nimmt nicht so einfach Reißaus.

3. Warum fällt es schwer zu erkennen,
   was Wirklichkeit ist und was Schein?
   Zu stark ist die Macht der Gewohnheit,
   man fällt auf sie zu gern herein.

Worte und Musik: Mikis Theodorakis · Nachdichtung: Thomas Woitkewitsch
Interpret: Herman van Veen, 1979

Die Musik des griechischen Komponisten Mikis Theodorakis (geb. 1925)
ist stark von der Volksmusik seiner Heimat geprägt.
Theodorakis schrieb neben zahlreichen Liedern auch Werke für Chor
und Orchester (z. B. „Canto General") sowie Kompositionen für Film
und Bühne. Im deutschsprachigen Raum wurde „Macht der Gewohn-
heit" vor allem durch den Liedermacher Herman van Veen (siehe auch
S. 126) bekannt.

Mackie Messer

1. Und der Hai - fisch, der hat Zäh - ne
und die trägt er im Ge - sicht
und Ma - cheath, der___ hat ein Mes - ser,
doch das Mes - ser sieht man nicht.

2. Ach, es sind des Haifischs Flossen rot, wenn dieser Blut vergießt!
Mackie Messer trägt 'nen Handschuh, drauf man keine Untat liest.

3. An der Themse grünem Wasser fallen plötzlich Leute um!
Es ist weder Pest noch Cholera, doch es heißt: Macheath geht um.

4. An 'nem schönen blauen Sonntag liegt ein toter Mann am Strand
und ein Mensch geht um die Ecke, den man Mackie Messer nennt.

5. Und Schmul Meier bleibt verschwunden und so mancher reiche Mann
und sein Geld hat Mackie Messer, dem man nichts beweisen kann.

6. Jenny Towler ward gefunden mit 'nem Messer in der Brust,
und am Kai geht Mackie Messer, der von allem nichts gewusst.

7. Wo ist Alfons Glite, der Fuhrherr? Kommt das je ans Sonnenlicht?
Wer es immer wissen könnte – Mackie Messer weiß es nicht.

8. Und das große Feuer in Soho – sieben Kinder und ein Greis –
in der Menge Mackie Messer, den man nicht fragt und der nichts weiß.

9. Und die minderjährige Witwe, deren Namen jeder weiß,
wachte auf und war geschändet – Mackie, welches war dein Preis?

Worte: Bertolt Brecht · Musik: Kurt Weill, 1928

*Mackie Messer ist eine der Hauptfiguren in Brecht/Weills
„Dreigroschenoper".*

Marina, Marina

1. Bei Tag und Nacht denk ich an dich, Ma - ri - na, — du
2. Doch ei - nes Ta - ges traf ich sie im Mond - schein. — Ich
1. Mi so - no in - na - mo - ra - to di Ma - ri - na, — u -
2. Un gior - no la in - con - tra - i so - la so - la. — Il

klei - ne, zau - ber - haf - te Bal - le - ri - na. — Oh,
lud sie ein zu ei - nem Gla - se Rot - wein, — und
na ra - gaz - za mo - ra ma ca - ri - na. — Ma
cuo - re mi bat - te - va mil - le al - l'o - ra. — Quan -

wärst du mein, du sü - ße Ca - ra mi - a, — a - ber
wie ich fra - ge, Lieb - ling, willst du mein sein, — gab
lei non vuol sa - per - ne del mio a - mo - re. — Co -
do gli dissi che la vo - le - vo a - ma - re, — mi

du — gehst ganz kalt an mir vor - bei. — 1.u.2. Ma - ri - na, Ma -
sie mir ei - nen Kuss, und das hieß: ja! — Ma - ri - na, Ma -
sa fa - rò per con - qui - star il suo cuor. — 1.u.2. Ma - ri - na, Ma -
die - de un ba - cio e l'a - mor sboc - ciò. —

ri - na, Ma - ri - na, — dein Chic und dein Charme, der ge -
ri - na, Ma - ri - na, — du bist ja die Schöns - te der
ri - na, Ma - ri - na, — ti vo - glio al più pre - sto spo -

fällt. — Welt. Wunder - ba - res Mädchen, bald sind wir ein
sar. — sar. Oh mia bel - la mo - ra, no, non mi la -

Pär - chen, komm und lass mich nie al - lei - ne. Oh, no, no, no, no, no.
scia - re, non mi de - vi ro - vi - na - re. Oh no, no, no, no, no.

Worte und Musik, Interpret: Rocco Granata · deutscher Text: Axel Weingarten, 1959

Marmor, Stein und Eisen bricht

1. Wei - ne nicht,— wenn der Re - gen fällt,— dam—
Es gibt ei - nen, der zu dir hält,— dam—

dam, dam— dam.
dam, dam— dam. **1.–3.** Mar - mor, Stein und

Ei - sen bricht, a - ber un - se - re Lie - be nicht!

Al - les, al - les geht vor - bei,— doch wir sind uns treu.

Marmor, Stein und Ei - sen bricht,—

a - ber uns - re Lie - be nicht. Al - les, al - les, al - les

geht vor - bei,— doch wir sind uns treu!—

2. Kann ich einmal nicht bei dir sein, dam dam, dam dam,
denk daran, du bist nicht allein, dam dam, dam dam.

3. Nimm den goldenen Ring von mir, dam dam, dam dam.
Bist du traurig, dann sagt er dir, dam dam, dam dam:
Marmor, Stein und Eisen …

Worte: Günter Loose · Musik: Drafi Deutscher/Christian Bruhn
Interpret: Drafi Deutscher, 1965

Mehr als ein bisschen Frieden

1. Wir ha-ben aus den Feh-lern nicht viel ge-lernt
2. Doch die dort o-ben spiel-ten wei-ter ihr Spiel

und uns vom Frie-den im-mer wei-ter ent-fernt,   da-von
und wir hier un-ten hat-ten bloß so'n Ge-fühl   von

bei glaub-ten wir,   wir   schaf-fen hier
Ohn-macht und Zorn;   ver-ra-ten, ver-lor'n

ei-ne bes-se-re Welt.   *Wiederholung nur*
sind die Träu-me von einst.   *nach der 1. Strophe*

2. u. 3. Die Zeit läuft uns da-von,   die schö-ne Il-lu-sion

ver-fliegt wie'n Luft-bal-lon   im Wind.   Denn

al-les än-dert sich,   nur re-den än-dert nichts   und

die-se Welt braucht ganz be-stimmt:—

Mehr als ein biss-chen Frie-den,—

mehr als ein biss - chen Ver - nunft — und Ge - fühl, —
ganz o - der gar — nicht, denn Ein - sicht kommt nie -
- mals zu spät. — Mehr als ein biss - chen Frie -
- den, — lie - ber Gott, mach — uns aus Scha -
- den mal klug, — dass wir ver - stehn, ein
biss - chen ist nicht — ge - nug. —

3. Wir sind nicht hilflos, wir sind meist nur bequem
und wir sind nicht so dumm die Wahrheit zu sehn.
Sag nie mehr vielleicht, sag endlich es reicht, es muss was geschehn.

Worte: Bernd Meinunger · Musik: Ralph Siegel · Interpretin: Nicole, 1995

*Mit diesem Lied knüpft die Sängerin Nicole (Seibert) vertiefend an die
Thematik ihres Liedes „Ein bisschen Frieden" (Siegertitel beim
Grand Prix d'Eurovision 1982) an.*

Mein kleiner grüner Kaktus

1. Blu-men im Gar-ten, so zwan-zig Ar - ten

von Ro-sen, Tul-pen und Nar-zis - sen,

leis-ten sich heu - te die fei-nen Leu - te.

Das will ich al-les gar nicht wis - sen.

1. u. 2. Mein klei-ner grü-ner Kak-tus steht drau-ßen am Bal-
Was brauch ich ro-te Ro-sen, was brauch ich ro-ten

kon, hol-la - ri, hol-la - ri, hol-la - ro!
Mohn, hol-la - ri, hol-la - ri,

hol-la - ro! Und wenn ein Bö - se-wicht was

Un-ge-zog'-nes spricht, dann hol ich mei - nen

Kak-tus und der sticht, sticht, sticht. Mein klei-ner grü-ner

Kak - tus   steht   drau - ßen   am   Bal - kon,   hol - la -
ri,   hol - la - ri,   hol - la - ro!

2. Man find't gewöhnlich die Frauen ähnlich
   den Blumen, die sie gerne tragen.
   Doch ich sag täglich: Das ist nicht möglich,
   was soll'n die Leut' sonst von mir sagen.
   Refrain:
   Mein kleiner grüner Kaktus …

3. Heute um viere klopft's an die Türe,
   nanu, Besuch so früh am Tage?
   Es war Herr Krause vom Nachbarhause,
   er sagt: „Verzeih'n Sie, wenn ich frage.
   Refrain:
   Sie hab'n doch einen Kaktus da draußen am Balkon,
   hollari, hollari, hollaro!
   Der fiel soeben runter, was halten Sie davon?
   Hollari, hollari, hollaro!
   Er fiel mir aufs Gesicht, ob S' glauben oder nicht,
   jetzt weiß ich, dass Ihr grüner Kaktus sticht, sticht, sticht.
   Bewahr'n Sie Ihren Kaktus gefälligst anderswo,
   hollari, hollari, hollaro!"

Deutscher Text: Hans Herda · Musik: Bert Reisfeld/Albrecht Marcuse
Interpreten: Comedian Harmonists, 1934

Money, money, money

Mon-ey, mon-ey, mon-ey al- ways sun-ny in the
rich man's world.— A - ha,———— a - ha,———
all the things I could do—— if I had a lit-tle money,
it's a rich man's world. **2.** A ————

Worte und Musik: Benny Andersson/Björn Ulvaeus, 1976
Interpreten: ABBA

Die schwedische Gruppe ABBA gewann 1974 mit „Waterloo" den
Grand Prix d'Eurovision. Sie entwickelte sich zu einer der erfolg-
reichsten Popgruppen seit den Beatles.
Der Name der Gruppe setzt sich aus den Anfangsbuchstaben der
Gruppenmitglieder zusammen: Agneta (Fältskog), Björn (Ulvaeus),
Benny (Andersson), Anni-Frid (Lyngstad).

N

Neue Brücken

1. Ich find auf mei-nem Glo - bus so viel Flächen oh - ne Brot

und ehe-mals bun - te Tei - le färbt ein Blut-

- strom töd - lich rot. Die Gier, Hass, Neid und Rach-

sucht sind die Seu-chen die-ser Welt, das Im -

mun-sys-tem ver-lässt sich auf den Wa - ren - Gott,— das

Geld. Die Klug-heit liegt am Bo - den, die Ver -

nunft wird noch ver - rückt, die nied - rigs - ten Ins-tink-

- te schla - gen zu, wo - hin— man blickt. Das

al - les scheint weit weg,— doch es be - ginnt

vor dei - ner Tür,— der— Nächs - te, der die
Käl - te spürt, kann meistens nichts da - für.— **1. u. 2.** Neu - e
Brücken ü - ber Flüs - se vol - ler dum - mer Ar - ro - ganz,
— neu - e Brü - cken ü - ber Tä - ler tiefs - ter
In - to - le - ranz,— neu - e Brü - cken, neu - e We -
- ge, auf - ei - nan - der zu - zu - gehn, ganz be - hut-
- sam, vol - ler Ach - tung mit - ei - nan - der um - zu - gehn.

2. Brüder gibt's am Stammtisch, Schnaps im Kopf, den Geist im Glas, /
in Sorge um ihr Vaterland gedeiht ihr Fremdenhass. / Dass Deutsche
bess're Menschen sind, wer's nicht weiß, kann's dort erfahren /
und dass das alles nicht so schlimm war bei Adolf in den Nazi-Jahr'n. /
Der Scheich ist hochwillkommen, wenn er für Panzer Dollars gibt, /
sein Landsmann auf der Flucht vor Folter ist weniger beliebt. /
Die Tür wird schnell verriegelt, ist das kein Asylbetrug? /
Die paar gut gemeinten Lichterketten war'n noch lange nicht genug.

Worte und Musik: Hartmut Engler/Ingo Reidl · Interpreten: Pur, 1992

Neunundneunzig Luftballons

1. Hast du et - was Zeit für mich, dann sin - ge ich___ ein
du viel - leicht_____ grad an mich, dann sin - ge ich___ ein

Lied für dich.___ von neun - und - neun - zig Luft - bal - lons___ auf
Lied für dich___ von neun - und - neun - zig Luft - bal - lons___ und

ih - rem Weg zum Ho - ri - zont. Denkst dass so - was___ von
so - was kommt. **2.** Neun - und - neun - zig Luft - bal - lons___ auf
4. Neun - und - neun - zig Kriegsmi - ni - ster,

ih - rem Weg zum Ho - ri - zont___ hielt man für U - fos
Streichholz und Ben - zin - ka - nis - ter, hiel - ten sich___ für

aus dem All,___ da - rum schick - te ein Ge - ne - ral___ 'ne
schlau - e Leu - te, wit - ter - ten schon fet - te Beu - te.

Flie - ger - staf - fel hin - ter - her,___ A - larm zu ge - ben,
Rie - fen Krieg und woll - ten Macht. Mann, wer hät - te

wenn's so wär. Da - bei war'n da am Ho - ri - zont___ nur
das ge - dacht, dass es ein - mal so weit kommt weg'n

88

neun-und-neun - zig Luft-bal-lons.__
neun-und-neun - zig Luft-bal-lons.__

3. Neun-und-neun - zig Dü-sen-flie-ger, je-der war ein
5. Neun-und-neun - zig Jah-re Krieg__ lie-ßen kei-nen
Heu-te zieh__ ich mei-ne Run-den, seh die Welt in

gro-ßer Krie-ger, hiel-ten sich__ für Cap-tain Kirk, das
Platz für Sie-ger. Kriegs-mi-nis - ter gibt's nicht mehr__
Trümmern lie-gen. Hab 'nen Luft - bal-lon ge-fun-den,

Wiederholung nur bei Strophe 5

gab ein gro-ßes Feu-er-werk. Die Nach-barn ha-ben
und auch kei-ne Dü-sen-flie - ger.

nichts ge-rafft__ und fühl-ten sich gleich an-ge-macht. Da-

bei schoss man am Ho-ri-zont__ auf neun-und-neun - zig

Luft-bal-lons. denk an dich und lass ihn flie-gen.__

dal segno % al ⊕ – ⊕

Worte und Musik: Jörn-Uwe Fahrenkrog-Petersen/Carlo Karges
Interpretin: Nena, 1983

O

Ob wer …

1. Ob wer schnell o - der lang-sam re - det, gra - de o - der
   ob wer so o - der an - ders re - det, wei - se o - der

Refrain

krumm,
dumm, es ist der glei - che Wind,— der uns

um die Oh - ren weht, e - gal, wer wir auch sind.

2. Ob wer groß oder klein geraten, dünner oder dick,
   ob wer zeigt, was er gerne anzieht, einfach oder schick, …

3. Ob wer viel oder wenig tut, ob langsam oder schnell,
   ob wer lacht oder ernster aussieht, dunkel oder hell, …

4. Ob wer schief oder gradeaus guckt oder immer weg,
   ob wer immer einen Grund braucht oder lebt ohne Zweck, …

5. Ob wer morgens noch muffelt oder Berge schon versetzt,
   ob wer abends erst warm wird oder dann schon abgehetzt, …

6. Ob wer drängelt oder trödelt oder wartet bis zum Schluss,
   ob wer weiß, was er will, oder lange zögern muss, …

7. Ob wer immer lieber weg ist oder ob am liebsten hier,
   ob wer redet oder zuhört oder lebt auf Briefpapier, …

8. Ob wer macht oder ob wer lieber andre machen lässt,
   ob wer wartet auf die Chance für ein frisch gemachtes Nest, …

9. Ob wer draußen oder drinnen oder nirgends was genießt,
   ob wer baut oder abreißt oder Zimmerpflanzen gießt, …

10. Ob wer Arbeit und Hobby nun getrennt hat oder nicht,
    ob wer mehr nach Gefühl lebt oder mehr nach seiner Sicht, …

11. Ob wer sagt, was er könnte, oder kann, was er sagt,
    ob wer Mut über alles predigt oder wenig wagt, …

12. Ob wer Heimat oder Fremde oder irgendwas bewohnt,
    ob wer grad so überlebt oder ob sich Leben lohnt, …

13. Ob wer Arbeitgeber, Arbeitnehmer oder arbeitslos,
    ob wer Lehrling oder Chef ist oder anderweitig groß, …

14. Ob wer liest oder schreibt, ob wer schaut oder malt,
    ob wer grübelt oder fiedelt, ob wer knurrt oder strahlt, …

15. Ob wer dies oder jenes gerne anders haben will,
    ob wer viel dafür tut oder träumt es für sich still, …

16. Ob wer oft sich verschieden äußert oder immer gleich,
    ob wer geben oder nehmen mag, ob arm oder reich, …

17. Ob wer riecht oder duftet oder überhaupt nicht stinkt,
    ob wer tanzt oder schuftet oder freche Lieder singt, …

18. Ob wer viel sich gedacht hat oder grad genug sich denkt,
    ob wer schnell sich verkracht hat oder jedem Freude schenkt, …

19. Ob wer immer nur für andre da ist oder nur für sich,
    ob wer „man" oder „wir" sagt oder „du" oder „ich", …

20. Ob wer kocht oder isst, ob wer einschenkt oder trinkt,
    ob wer alles verbraucht oder immer Neues bringt, …

21. Ob wer schnell andre mag oder lange schnuppern muss,
    ob wer Jahre per „Sie" ist oder gleich bereit zum Kuss, …

22. Ob wer gern mal allein ist oder immer andre braucht,
    ob wer trinkt oder frisst, ob wer fernsieht oder raucht, …

23. Ob wer Fleisch oder Käse oder nur Gemüse isst,
    ob wer Pfeffer im Salat oder Milch im Tee vermisst, …

24. Ob wer dies oder das oder jenes haben muss,
    ob wer ganz ohne alles auskommt, ohne viel Verdruss, …

25. Ob wer nur bei sich zu Hause zu Hause sein kann,
    ob die Frau sich nur als Frau fühlt und der Mann sich nur als Mann, …

26. Ob wer Vater, Mutter, Kind ist oder mehreres zugleich,
    ob wer gern ist, was er ist, oder leidet krank und bleich, …

27. Ob wer Junge oder Mädchen ist, ob Greisin oder Greis,
    ob wer Schönheit oder Stärke mag, ob Wissen oder Fleiß, …

28. Ob wer überall bekannt ist oder sich nur selber kennt,
    ob wer Image oder Können oder Glück als Ziele nennt, …

29. Ob wer Feuer oder Wasser oder Luft und Erde liebt
    oder irgendetwas andres, das es außerdem noch gibt, …

30. Ob wer glaubt an das Messen jedes Teilchens in der Welt
    oder wie auch immer Gott für das Maß der Dinge hält, …

Worte und Musik: Meinhard Ansohn, 1992

O nein, o nein, o nein

1.–3. O nein, o nein, o nein! Mensch, sag mal, muss das

sein? Wa - rum bist du so'n Nim - mersatt, dem nie ge - nug ist,

was er hat? O Mann, bei die - sem Spiel ris - kierst du viel zu

viel! Du wärst so gern der lie - be Gott und

machst da - bei bank - rott. 1. Wie war's im Pa - ra - dies vor -

dem mit Obst und Früch - ten an - ge - nehm: Ba -

na - nen, Äp - fel, A - na - nas; für je - den Gau - men gab's da

was! Der Mensch je - doch im Un - ver - stand holt

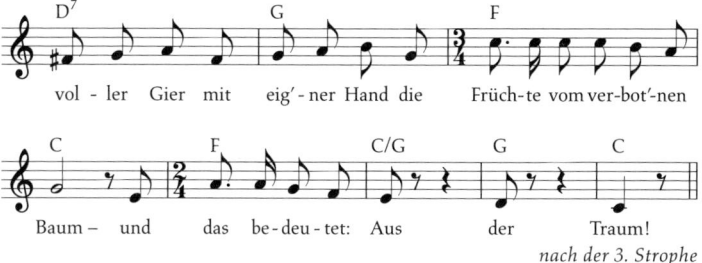

vol - ler Gier mit eig' - ner Hand die Früch-te vom ver-bot'-nen

Baum — und das be-deu-tet: Aus der Traum!

nach der 3. Strophe
da capo al fine

2. Frau Ilsebill, so wird erzählt,
hat ihren Mann ganz doll gequält.
Der arme Fischer hat es schwer,
denn seine Frau will immer mehr:
Sie will ein Haus, ein Schloss, ein Reich;
nicht irgendwann, nein, nein, jetzt gleich!
So landet sie ganz ungalant –
im Nachttopf dort am Meeresstrand.

3. So geht es bei uns heute noch:
Nichts ist zu groß, nichts ist zu hoch,
nichts ist genug, wir wollen mehr,
gibt auch das Land kaum noch was her.
Wir plündern diese Erde aus!
Es lebt sich gut in Saus und Braus.
Wer fragt danach, was nach uns kommt? –
Die Rechnung, Leute! Und zwar prompt!

Worte und Musik: Eberhard Malitius, 1991

Over the rainbow

Some - where, o - ver the rain - bow, way up
Some - where, o - ver the rain - bow, skies are

high, there's a land that I heard of
blue and the dreams that you dare to

once in a lul - la - by.
dream real - ly do come true. Some

day I wish up - on a star I wake up where the

clouds are far be - hind me. Where

trou - bles melt like lem - on - drops a - way a - bove the

chim - ney tops that's where you find me.

Some - where, o - ver the rain - bow,

94

F d e C⁷ F f C

blue - birds fly, birds fly o - ver the

A⁷ d G⁷ C

rain - bow, why then, oh why can't I?

Worte: E. Y. Harburg · Musik: Harold Arlen · Interpretin: Judy Garland, 1939

Das Lied stammt aus dem Film-Musical „The wizard of Oz" (Der Zauberer von Oz) von 1939. Das Musical beschreibt die Abenteuer eines Mädchens, das mit drei eigenartigen Gesellen eine böse Hexe bezwingt. Zum Erfolg des Songs dürfte neben der Melodie auch der Text beigetragen haben, der die Sehnsucht nach einer besseren Welt ausdrückt. In den Neunzigerjahren produzierte DJ Marusha eine neue Techno-Version des Liedes.

P

Paint it black

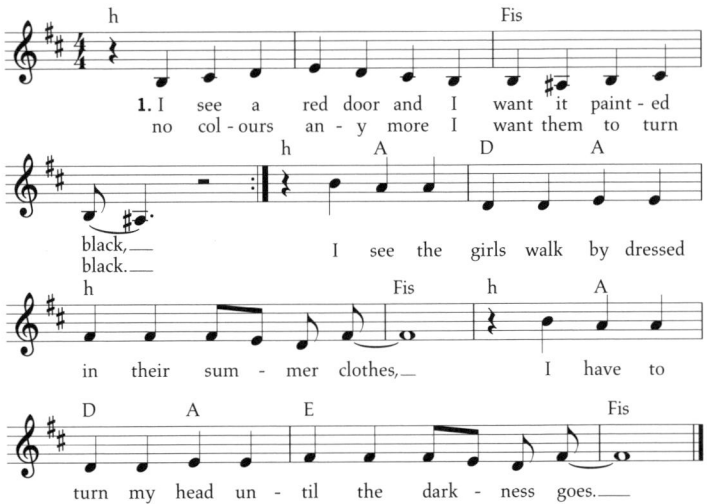

1. I see a red door and I want it paint-ed
   no col-ours an-y more I want them to turn
   black,— I see the girls walk by dressed
   black.—
   in their sum-mer clothes,— I have to
   turn my head un-til the dark-ness goes.—

2. I see a line of cars and they're all painted black, / with flowers and my love, both never to come back. / I see people turn their heads and quickly look away, / like a newborn baby it just happens ev'ry day.

3. I look inside myself and see my heart is black, / I see my red door and I want it painted black. / May be then I'll fade away and not have to face the facts, / it's not easy facing up when your whole world is black.

4. No more will my green sea go turn a deeper blue, / I could not foresee this thing happening to you. / If I look hard enough into the setting sun, / my love will laugh with me before the morning comes.

5. Strophe wie 1.

Worte und Musik: Mick Jagger/Keith Richards · Interpreten: The Rolling Stones, 1966

Peggy Sue

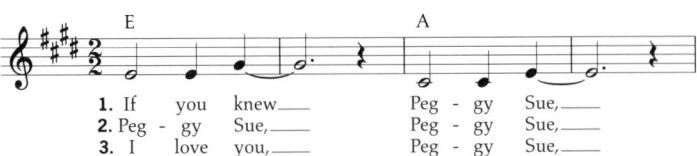

1. If you knew—— Peg - gy Sue,——
2. Peg - gy Sue,—— Peg - gy Sue,——
3. I love you,—— Peg - gy Sue,——

then you'd know why I feel blue— a - bout Peg - gy,—
oh, how my heart yearns for you,— oh, Peg - gy,—
with a love so rare and true,— oh, Peg - gy,—

'bout my Peg - gy Sue;—
my Peg - gy Sue;— oh, well, I
my Peg - gy Sue;—

love you, girl,— yes, I love you, Peg - gy Sue.—

fine **1.–3.** Peg - gy Sue,— Peg - gy Sue,—

pret - ty, pret - ty, pret - ty, pret - ty Peg - gy Sue,— oh, my

Peg - gy,— my Peg - gy Sue;—

oh, well, I love you, girl,— and I

need you, Peg - gy Sue.—

da capo al fine

Worte und Musik: Jerry Allison/Norman Petty/Buddy Holly
Interpret: Buddy Holly, 1958

97

Probier's mal mit Gemütlichkeit

1.u.2. Pro - bier's mal mit Ge - müt - lich - keit, mit
Ru - he und Ge - müt - lich - keit wirfst du die dum - men
Sor - gen ü - ber Bord. Und wenn du stets ge -
müt - lich bist und et - was ap - pe - tit - lich ist, greif
zu, denn spä - ter ist es viel - leicht fort.

1. Was soll ich wo - an - ders, wo's
2. Und pflückst du gern Bee - ren und

mir nicht ge - fällt? Ich ge - he nicht
piekst dich da - bei, dann lass dich be -

fort hier, auch nicht für Geld.
leh - ren: Schmerz geht bald vor - bei!

Die Bie - nen sum - men in der Luft, er - fül - len
Du musst be - schei - den und nicht gie - rig im Le - ben

98

sie mit Ho - nig - duft, und schaust du un - ter 'nen
sein, sonst tust du dir weh, du bist ver - letzt und

Stein, ent - deckst du A - mei - sen, die hier
zahlst nur drauf, drum pflü - cke gleich mit dem

gut ge - deih'n. Nimm da - von zwei, drei, vier.
richt'gen Dreh! Hast du das jetzt ka - piert?

Denn mit Ge - müt - lich - keit kommt auch das
Denn mit Ge - müt - lich - keit kommt auch das

Glück zu dir! Es kommt zu dir!
Glück zu dir! Es kommt zu dir!

Originaltext und Musik: Terry Gilkyson, 1967 · Nachdichtung: Heinrich Riethmüller

Dieses Lied singt Balu der Bär in dem Walt-Disney-Film „Das Dschungelbuch" für seinen Freund Mowgli.

Quando, quando, quando

Sag mir quan-do, sag mir, wann,_____ sag mir
Sag mir quan-do, sag mir, wann,_____ sag mir

quan - do, quan - do, quan - do_____ ich dich
quan - do, quan - do, quan - do_____ ich dich

wie - der se - hen kann,_____ ich hab
wie - der küs - sen kann_____ un - ter

im - mer für dich Zeit._____ Lass uns
Pal - men, so wie heut._____ Lass uns

träu - men am Meer_____ ei - nen Traum von A -

mor._____ Denn so schön wie ein Traum_____

_____ kommt mir dann das Le - ben vor._____

da capo al fine

Worte: Hans Bradtke · Musik: Elio Cesari, 1962

Que será

2. When I was just a child in school I asked my teacher:
"What should I try?
Should I paint pictures? Should I sing songs?"
This was her wise reply: "Que será, será …"

3. When I have children of my own, they ask their mother/father:
"What will I be?
Will I be pretty/handsome? Will I be rich?"
I tell them tenderly: "Que será, será …"

Worte und Musik: Jay Livingston/Ray Evans
Interpretin: Doris Day, 1956

*Die amerikanische Schauspielerin Doris Day sang dieses Lied in dem
berühmten Alfred-Hitchcock-Film „Der Mann, der zu viel wusste".*

R

Rip it up

1. Sat - ur - day___ night, I just got paid,
2. Got___ me a date. I won't be late.

fool a - bout my mon - ey, don't try to save. My
Picked her up___ in my Eigh - ty - eight.

heart says, go, go,___ have a time, 'cause it's
Shag on down by the U - nion hall, when the

Sat - ur - day night and, Ba - by, I'm feel - ing fine.
joint___ starts jump - ing I'll___ have a ball.___

1. u. 2. I'm gon - na rock it up! I'm gon - na

rip it up! I'm gon-na shake it up!

I'm gon-na ball it up! I'm gon-na

rock it up at the ball to - night.

Worte und Musik: John Marascalco/Robert Blackwell
Interpret: Little Richard, 1956

Ruby Tuesday

1. She would nev-er say where she came from.__
2. ques-tion why she needs to be so free.__ She'll
3. There's no time to lose, I heard her say.__

Yes-ter-day__ don't mat-ter if it's gone.__
tell you it's__ the on-ly way to be.__
Catch your dreams be-fore they slip a-way.__

While the sun is bright or in the dark-est night,
She just can't be chained to a life where nothing's gained
Dy-ing all the time,__ lose your dreams and you__

no one knows, she comes and goes.__
and nothing's lost__ at such a cost.__
will lose your mind; ain't life un-kind.__

1.–3. Good - bye Ru - by Tues - day,

who could hang a name__ on you. When you change with ev-

- 'ry new__ day, still I'm gon-na miss you. **2.** Don't
(fine)

Worte und Musik: Mick Jagger/Keith Richards · Interpreten: The Rolling Stones, 1967

Rudolph, the red-nosed reindeer

You know Dash-er and Danc-er and Pranc-er and Vix-en,

Com-et and Cu-pid and Don-ner and Blitz-en, but do

you re - call the most fa - mous reindeer of all?

Rudolph, the red - nosed rein - deer had a ve - ry shin - y

nose. And if you ev - er saw it, you would e - ven say it

glows. All of the oth - er rein - deer

used to laugh and call him names, they nev - er let poor

Ru - dolph join in an - y rein - deer games.

Then one fog - gy Christ-mas Eve, San - ta came to say:

"Ru - dolph, with your nose so bright, won't you guide my sleigh to - night." Then how the rein - deer loved him, as they shout-ed out with glee: "Ru-dolph, the red-nosed rein - deer, you'll go down in his - to - ry."

Worte und Musik: J. Marks · Interpret: Gene Autry, 1949

„Rudolph, the red-nosed reindeer" ist eines der populärsten Weihnachtslieder in den USA. Die Anregung zu diesem Lied gab ein Buch, dessen Hauptfigur ein Rentier namens Rudolph ist.

S

Sailing

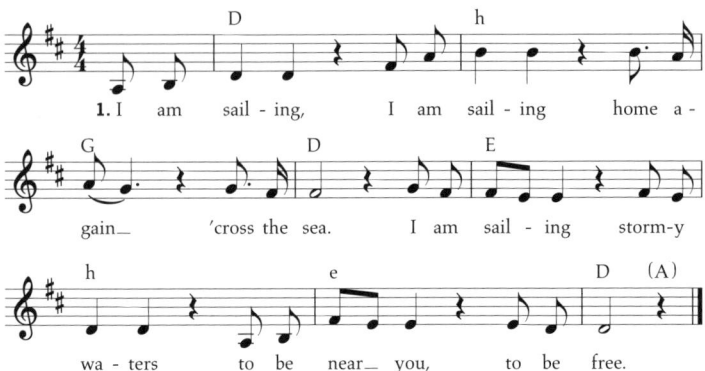

1. I am sail-ing, I am sail-ing home a-gain— 'cross the sea. I am sail-ing storm-y wa-ters to be near— you, to be free.

2. I am flying, I am flying like a bird 'cross the sky.
   I am flying, passing high clouds to be with you, to be free.

3. Can you hear me, can you hear me thro' the dark night, far away.
   I am dying, forever trying to be with you, who can say.

4. We are sailing, we are sailing home again 'cross the sea.
   We are sailing stormy waters to be near you, to be free.

Worte und Musik: Garvin Sutherland · Interpret: Rod Stewart, 1975

San Francisco

1. If you're go-ing to San Fran-cis-co
2. For those who come— to San Fran-cis-co

be sure to wear some flow-ers in your hair.
sum-mer - time will be a love - in there.

If you're go-ing to San Fran - cis-co
In the— streets— of San Fran - cis-co

you're gon - na meet some gen - tle peo - ple
gen - tle peo - ple with flow - ers in their

there._____ All a - cross the_____ na - tion
hair._____ There's a whole ge - ne - ra - tion

such a strange vi - bra - tion,_____ peo - ple in
with a new ex - pla - na - tion,_____ peo - ple in

mo - tion._____ mo - tion, peo - ple in mo - tion.

For those who come to San Fran - cis - co be sure to

wear some flow-ers in your hair. If you come to San Fran -

cis - co sum - mer - time will be a love - in_____ there.

If you come to San Fran - cis - co sum - mer -

time_____ will be a love - in_____ there._____

Worte und Musik: John Phillips · Interpret: Scott McKenzie, 1967

See you later, alligator

1. Well, I saw my ba - by walking Well, I
with an - oth - er man to - day.__

saw my ba - by walking with an - oth - er man to - day.

When I asked her what's the mat - ter, this__ is

what I heard her say: **1.–4.** See you la - ter, al - li - ga - tor,

af - ter while, croc - o - dile.__ See you la - ter, al - li -

ga - tor, af - ter while, croc - o - dile.__ Can't you

see you're in my way now,__ don't you know you cramp my

style? so long, that's all, good - bye! ____

nach der 4. Strophe Wiederholung
des Refrains ⊕ - ⊕

2. When I thought of what she told me, / nearly made me lose my
head, (2×) / but the next time that I saw her, / reminded her of what
she said.

3. She said I'm sorry, pretty darling, / you know my love is just for you. (2×) / Won't you say that you forgive me, / and say your love for me is true.

4. I said, wait a minute 'gator, / I know you meant it just for play. (2×) / Don't you know you really hurt me, / and this is what I have to say.

Worte und Musik: Robert Guidry · Interpret: Bill Haley & his Comets, 1955

Skinny Minny

My Skin - ny Min - ny she's a cra - zy chick, oh - oh - oh. She's six feet tall and one foot thick, oh - oh - oh. Well oh, I love her, yes, in - deed, oh - oh - oh. My Skin - ny Min - ny's got all I need, oh - oh - oh. Skin - ny Min - ny, she's skin - ny, she's tall and that's all.

Worte und Musik: James Duncombe · Interpret: Bill Haley, 1958

Streets of London (Straßen unserer Stadt)

E — **H** — **cis**
1. Have you seen the old man in the closed down
1. Siehst du dort den al - ten Mann, mit aus - ge-tret'-nen

gis — **A** — **E**
mar - ket, kick - ing in the pa - pers with his
Schuh'n schlurft er ü - bers Pflas-ter und er

fis — **H** — **E**
worn - out shoes? In his eyes you
sieht so mü - de aus. Hin und wie - der

H — **cis** — **gis**
see no pride, hand held loose - ly at his side,
hält er an, nicht nur um sich aus - zu - ruhn,

A — **E** — **H**[7]
yes - terday's pa-per tell-ing yes - ter-day's
denn er hat kein Ziel und auch kein Zu -

E — **A** — **E** — **H** — **H**[7]
news. 1.–4. So how can you tell me you're lone -
haus. 1.–4. Doch du re-dest nur von Ein - sam -

cis — **Fis**
ly and you say for you that the sun don't
keit und dass die Son - ne für dich nicht

H — **H**[7] — **E** — **H**
shine? Let me take you by the hand and
scheint. Komm und gib mir dei - ne Hand, ich

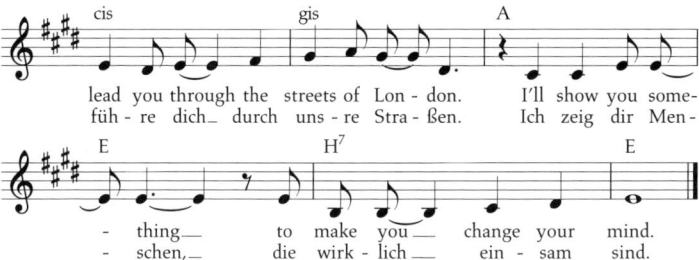

lead you through the streets of Lon-don. I'll show you some-
füh - re dich— durch uns - re Stra - ßen. Ich zeig dir Men -

- thing— to make you— change your mind.
- schen,— die wirk - lich — ein - sam sind.

2. Have you seen the old girl who walks the streets of London,
dirt in her hair and her clothes in rags?
She's no time for talkin', she just keeps right on walkin',
carrying her home in two carrier bags.

3. In the all night café at quarter past eleven
same old man sitting there on his own.
Looking at the world over the rim of his teacup.
Each tea lasts an hour and he wanders home alone.

4. Have you seen the old man outside the seaman's mission,
memory fading with the medal ribbons that he wears?
In our winter city the rain cries a little pity
for one more forgotten hero and a world that doesn't care.

2. Kennst du die alte Frau, die auf dem Marktplatz steht
mit schneeweißem Haar, welke Blumen in der Hand?
Die Leute gehn vorbei, sie merkt nicht, wie die Zeit vergeht,
so steht sie jeden Tag und niemand stört sich dran.

3. Im Bahnhofsrestaurant sitzt um ein Uhr in der Frühe
derselbe alte Mann und er sitzt ganz allein.
Er ist der letzte Gast und das Aufsteh'n macht ihm Mühe.
Fünf leere Stunden, fünf leere Gläser Wein.

4. Siehst du dort den alten Mann, mit ausgetret'nen Schuh'n
schlurft er übers Pflaster und er sieht so müde aus.
Denn in einer Welt, in der nur noch Jugend zählt,
ist für ihn kein Platz mehr und auch kein Zuhaus.

Worte und Musik: Ralph McTell · Nachdichtung: Christian Hellburg
Interpret: Ralph McTell, 1974

Supercalifragilisticexpialidocious

Um diddle diddle diddle, um diddle ay! Um diddle diddle diddle,
um did-dle ay! **1.–3.** Su - per - cal - i - frag - il - is - tic -
1.–3. Su - per - ka - li - fra - gi - lis - tisch -

ex - pi - al - i - do - cious! E - ven though the
ex - pi - al - le - go - risch! Die - ses Wort ist

sound of it is some-thing quite a - tro - cious!
wun - der - bar und au - ßer - dem rhe - to - risch.

If you say it loud e-nough, you'll al - ways sound pre -
Will man mei - ne Mei-nung hö - ren, sag ich ka - te -

co - cious. Su - per - cal - i - frag - il - is - tic -
go - risch: Su - per - ka - li - fra - gi - lis - tisch -

ex - pi - al - i - do - cious! Um did-dle did-dle did-dle,
ex - pi - al - le - go - risch!

um diddle ay! Um diddle diddle diddle, um did-dle ay! **1.** Be -
1. Als

cause I was a - fraid to speak when I was just a
klei - ner Jun - ge war ich lei - der im - mer ziem - lich

112

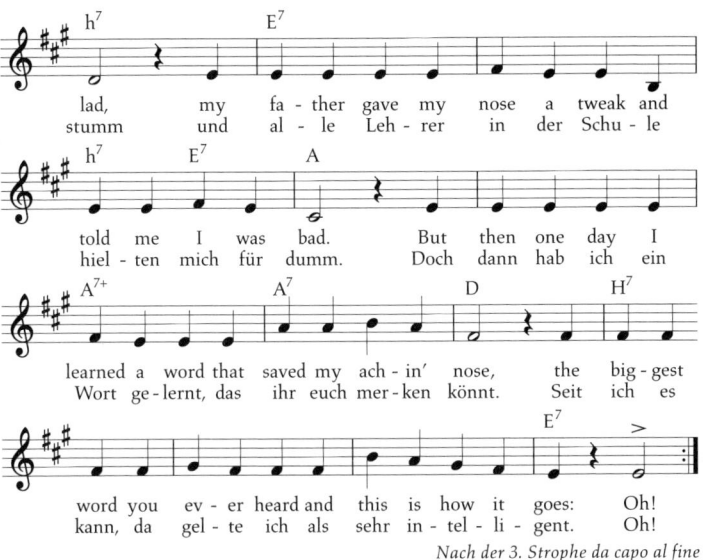

lad, my fa - ther gave my nose a tweak and
stumm und al - le Leh - rer in der Schu - le

told me I was bad. But then one day I
hiel - ten mich für dumm. Doch dann hab ich ein

learned a word that saved my ach - in' nose, the big - gest
Wort ge - lernt, das ihr euch mer - ken könnt. Seit ich es

word you ev - er heard and this is how it goes: Oh!
kann, da gel - te ich als sehr in - tel - li - gent. Oh!

Nach der 3. Strophe da capo al fine

2. He traveled all around the world and everywhere he went
   he'd use his word and all would say, "there goes a clever gent!"
   When dukes and maharajas pass the time of day with me,
   I say my special word and then they ask me out to tea. Oh!

3. So when the cat has got your tongue, there's no need for dismay.
   Just summon up this word and then you've got a lot to say.
   But better use it carefully or it can change your life.
   One night I said it to my girl and now my girl's my wife. Oh!

2. So zog ich in die weite Welt und sah mir alles an.
   Ich kam in diese Stadt zurück als weit gereister Mann.
   Bei Fürsten und bei Königen, da ging ich aus und ein.
   Die allgemeine Meinung war: Der muss Professor sein! Oh!

3. Ein schönes Mädchen traf ich dann, das wollt ich gerne frei'n.
   Doch immer, wenn ich davon sprach, dann rief sie: Nein, nein, nein!
   Ich wär nun mal kein Mann für sie und nicht besonders schlau.
   Da sagte ich mein Zauberwort, nun ist sie meine Frau! Oh!

Worte und Musik: Richard M. Sherman/Robert B. Sherman,
aus dem Musical „Mary Poppins", 1964 · Nachdichtung: Hans Bradtke

Take me home, country roads

mom - ma,＿＿＿ take＿ me home,＿＿＿ coun - try

roads.＿＿＿ **3.** I hear the voice in the

morn - in' hours she calls＿ me, the ra - di - o re -

minds me of my home far a - way and driv - in' down the

road I get a feel - in' that I should have been home

yes - ter - day,＿＿＿ yes - ter - day.＿＿＿ Coun - try
dal segno al fine

Worte und Musik: Bill Danoff/Taffy Nivert/John Denver
Interpret: John Denver, 1971

*Der 1943 geborene amerikanische Sänger, Gitarrist und Songschreiber
John Denver (eigentlich Henry John Deutschendorf) ist vor allem mit
Folk- und Countrysongs bekannt geworden.*

Tante Emma

1. Im Ein - kaufs - cen - ter und___ Dis - count, da
2. Im Su - per - markt bin ich___ al - lein,___ beim

bin ich im - mer schlecht ge - launt.
Su - chen hilft mir da kein Schwein.

Im end - los gro - ßen Su - per - markt, da
Ich schieb die Kar - re hin und her___ und

droht mir gleich ein Herz - in - farkt.
schau bei an - dern, was kauft der.

Da lie - gen die Re - ga - le voll, ich
Wenn Tan - te Emma nicht mehr ist und

weiß nicht, was ich neh - men soll,
ein Dis - count den La - den frisst,

o - ho - ho. Da
o - ho - ho, setz

wird das Kau - fen zur Tor - tur, ich geh zu Tan - te
ich mich auf den Bür - ger - steig und tre - te in den

Em - ma nur.
Hun - ger - streik. **1.u.2.** Im

Tan - te - Em - ma - La - den an der

E - cke____ vis - a - vis, wenn an der

Tür die____ Glo - cke bim - melt,____ ist das bei -

nah schon **1.** Nos - tal - gie.
2. Po - e - sie.

Worte: Eckart Hachfeld · Musik: Udo Jürgens · Interpret: Udo Jürgens, 1976

Udo Jürgens (eigentlich Udo Jürgen Bockelmann), 1934 in Österreich geboren, gehört seit Jahrzehnten zu den populärsten deutschsprachigen Interpreten und Songschreibern.

Tears in heaven

bend your knees.___ Time can
break your heart___ have you beg - gin' please, ___
beg - gin' please. ___

Instrumental:

3. Be - yond the door, ___ there's peace, I'm sure.

And I know ___ there'll be no more ___

tears in heav - en. - en. 'Cause I

da capo al ⊖ - ⊖

know I don't be - long here, here in heav - en.

Worte und Musik: Eric Clapton/Will Jennings · Interpret: Eric Clapton, 1991

Eric Clapton, geboren 1945, gehört zu den einflussreichsten Rock- und Blues-Gitarristen. Er war u. a. Mitbegründer der britischen Blues-Rock-Gruppe Cream. „Tears in heaven" entstand unter dem Eindruck eines tragischen Unfalls, bei dem Claptons Sohn tödlich verunglückte.

Those were the days

1. Once up - on a time there was a tav - ern,
2. Then the bus - y years went rush - ing by us, we

where we used to raise a glass or two. Re -
lost our star - ry mo - tions on the way.

mem - ber how we laughed a - way the hours___ and
If by chance I'd see you in the tav - ern, we'd

dreamed of all the great things we would do?
smile at one an - oth - er and we'd say:

1.–4. Those were the days my friend,___ we thought they'd

nev - er end,___ we'd sing and dance for - ev - er and a

day; we'd live the life we choose, we'd fight and

nev - er lose,___ for we were young and

sure to have our way. La la la la la la, la la la la la la, those were the days, oh yes, those were the days.

3. Just tonight I stood before the tavern,
   nothing seemed the way it used to be.
   In the glass I saw a strange reflection.
   Was that lonely fellow really me?

4. Through the door there came familiar laughter,
   I saw your face and heard you call my name.
   Oh, my friend, we're older but no wiser,
   for in our hearts the dreams are still the same.

Worte und Musik: Gene Raskin · Interpretin: Mary Hopkin, 1968

*Die Beatles suchten für ihre 1968 gegründete Plattenfirma „Apple"
Nachwuchstalente. Paul McCartney produzierte „Those were the
days" für die junge Sängerin Mary Hopkin. Das Lied basiert auf einer
alten russischen Volksweise.*

Überall blühen Rosen
L'important, c'est la rose

1. Du hast Glück, es geht dir gut, doch ein
1. Toi qui mar – ches dans le vent seul dans

Dich – ter hat ge – schrie – ben: Al – les Schö – ne, was wir
la trop gran – de vil – le a – vec le ca – fard tran –

lie – ben, muss ver – gehn. Ja, das
quil – le du pas – sant. Toi qu'elle

Glück schrei – tet schnell. Schon siehst du am Tag Ge –
a lais – sé tom – ber pour cou – rir vers d'au – tres

spens – ter, grau – e Schat – ten vor dem Fens – ter, doch du
lu – nes pour cou – rir d'au – tres for – tu – nes l'im – por –

weißt: 1.–3. Ü – ber – all blü – hen Ro – sen, ü – ber –
tant. 1.–4. L'im – por – tant, c'est la ro – se, l'im – por –

all blü – hen Ro – sen, ü – ber – all blü – hen
tant, c'est la ro – se, l'im – por – tant, c'est la

1.–2.
1.–3.
3.
4.

Ro – sen für dich! dich!
ro – se, crois – moi! moi!

Ü - ber - all blü - hen Ro - sen, ü - ber - all blü - hen
L'im - por - tant, c'est la ro - se, l'im - por - tant, c'est la

Ro - sen, ü - ber - all blü - hen Ro - sen für dich!
ro - se, l'im - por - tant, c'est la ro - se, crois - moi!

2. Du bist jung und meinst, du kannst, / was die andern „Leben"
nennen, / siehst sie jagen, hetzen, rennen: / Glück ist Geld! / Und du
willst nicht sein wie sie, / nicht die gleichen Fehler machen; / eines
Tages wirst du lachen / über dich.

3. Du wirst älter, denkst zurück / an der Jugend Blütenträume, / an die
Trauben an den Bäumen, / viel zu hoch, / und siehst ein, dein bisschen
Glück / lebt von tausend Kompromissen. / Lessing schrieb: „Kein
Mensch muss müssen!" / Doch der log!

2. Toi qui cherches quelque argent / pour boucler la semaine / dans la
ville où tu promènes ton ballant. / Cascadeur, soleil couchant / tu
passes devant les banques / si tu n'es que saltimbanque l'important.

3. Toi petit que tes parents / ont laissé seul sur la terre / petit oiseau sans
lumière, sans printemps. / Dans ta veste de drap blanc / il fait froid
comme en Bohème. / T'as le cœur comme en carême et pourtant.

4. Toi pour qui donnant donnant / j'ai chanté ces quelque lignes /
comme pour te faire un signe en passant. / Dis à ton tour maintenant /
que la vie n'a d'importance / que par une fleur qui danse sur le temps.

Worte: Louis Amadé · Musik: Gilbert Bécaud · Nachdichtung: Gisela Zimber
Interpret: Gilbert Bécaud, 1967

Gilbert Bécaud (1927 – 2001) zählt zu den bekanntesten französischen
Chanson-Sängern. Aufgrund seiner temperamentvollen
Bühnenauftritte erhielt er den Beinamen „Monsieur 100 000 Volt".

Über sieben Brücken musst du gehn

1. Manch - mal geh ich mei - ne Stra - ße
2. Manch - mal scheint die Uhr des Le - bens

oh - ne Blick, manch - mal
still zu stehn, manch - mal

wünsch ich mir mein Schau - kel - pferd zu - rück.
scheint man im - mer nur im Kreis zu gehn.

Manch - mal bin ich oh - ne Rast und Ruh,
Manch - mal ist man wie vom Fern - weh krank,

manch - mal schließ ich al - le Tü - ren
manch - mal sitzt man still ei - ner Bank.

nach mir zu. Manch - mal ist mir kalt und
ei - ner Bank. Manch - mal greift man nach der

manch - mal heiß, manch - mal weiß ich
gan - zen Welt, manch - mal meint man,

nicht mehr, was ich weiß. Manch - mal
dass der Glücks - stern fällt. Manch - mal

bin ich schon am Mor - gen müd'___
nimmt man, wo man lie - ber gibt,___

und dann such ich Trost in ei - nem Lied.
manch - mal hasst man das, was man doch liebt.

1.u.2. Ü - ber sie - ben Brü - cken musst du gehn,

sie - ben dunk - le Jah - re ü - ber - stehn,

sie - ben - mal wirst du___ die A - sche sein,

a - ber ein - mal auch der hel - le Schein.

Worte: Helmut Richter · Musik: Ulrich Swillms · Interpreten: Karat, 1978

Die Gruppe „Karat" gehörte zu den bekanntesten DDR-Bands.
Ihr größter Erfolg „Über sieben Brücken…" wurde in der damaligen
Bundesrepublik Deutschland ebenfalls sehr populär, nachdem ihn Peter
Maffay (vgl. S. 54) interpretierte.

Und wenn die ganze Erde bebt

1. Je - den A - bend denk ich beim Spa - zie - ren - gehn,
Nach - barn in - t'res - siert kein A - bend - stern,

wa - rum ist hier drau - ßen kein Mensch zu sehn?
al - le se - hen, wie ein Blick durchs Fenster zeigt, nur fern.

Doch die 2. Aus - ge - zählt und aus - ge - laugt und
wei - sen die Bil - der auch das

aus - ge - brannt, Haus für Haus, starrt al - les wort - los,
Ge - gen - teil, in den Zim - mern

wie ge - bannt. Und be - ist und bleibt die Welt noch

heil. 2. u. 4. Und wenn die gan - ze Er - de bebt, das

Fern - seh - volk bleibt un - ge - rührt, weil der, der nur am

Bild - schirm klebt, die Wirk - lich - keit nicht mehr spürt.

3. Jede Wohnung ist ein isolierter Raum
und durch die vier Wände dringt kaum ein Traum.
Man sieht und sieht, und was man sah, vergisst man prompt.
Es wird alles aufgesehn, was auf den Bildschirm kommt.

4. Da ist kein Platz mehr für Liebe und Begeisterung,
da stirbt jede Diskussion bei Alt und Jung.
Das einzig Frische hier ist höchstens noch das Bier
und die Phantasie bleibt draußen vor der Tür.

Worte: Thomas Woitkewitsch · Musik: Herman van Veen/Erik van der Wurff
Interpret: Herman van Veen, 1981

Unter dem Pflaster

2. Komm, lass dir nicht erzählen, was du zu lassen hast,
du kannst doch selber wählen. Nur langsam, keine Hast.

Worte und Musik: Angi Domdey · Interpretin: Angi Domdey, 1976

Venus

1. A godness on a mountain top___ was
2. Her weapon were her crystal eyes___

burning like a silver flame.___ A
making ev'ry man___ mad.___ Black

summit of beauty she was,___ and
as a dark night___ she___ was,___ got

Venus was her name.
what no one else had.

1. u. 2. She's got it!

Yeah, baby, she's got it! Well,

I'm your Venus, I'm your fire at your

___ desire.___ Well, I'm your Venus,

I'm your fire at your___ desire.___

Worte und Musik: Rob van Leeuwen
Interpreten: Shocking Blue, 1969; Bananarama, 1986

Verluste

1. Fällt ein Baum zu Bo-den, ist das nicht schlimm, sa-gen die Gro-ßen, Bäume gibt's vie-le.

2. Fällt aus dem Nest ein Vogel,
   ist das nicht schlimm,
   sagen die Großen,
   Vögel gibt's viele.

3. Weint ein Kind am Abend,
   ist das nicht schlimm,
   sagen die Großen,
   Tränen gibt's viele.

4. Ist zerkratzt ein Auto,
   dann ist das schlimm,
   sagen die Großen,
   Autos muss man pflegen.

5. Geht ein Kind verloren
   in einem Kind,
   merkt das nicht viele –
   wohl, weil sie groß sind.

6. Geht ein Kind verloren
   in einem Kind,
   trauern drum die Bäume,
   weinen die Vögel.

Worte und Musik: Gerhard Schöne · Interpret: Gerhard Schöne, 1981

Veronika, der Lenz ist da

Ve - ro - ni - ka, der Lenz ist da, die
Mäd - chen sin - gen tral - la - la. Die gan - ze Welt ist
wie ver - hext, — Ve - ro - ni - ka, der Spar - gel wächst.
Ach du, Ve - ro - ni - ka, die Welt ist grün, — drum
lass uns in die Wäl - der ziehn. — So - gar der Groß - pa -
pa sagt zu der Groß - ma - ma: „Ve - ro - ni - ka, der Lenz ist
da!" Mäd - chen lacht, Jüng - ling spricht: „Fräu - lein, wolln Sie
o - der nicht? Drau - ßen ist Früh - ling." —
Der Po - et Ot - to Licht hält es jetzt für sei - ne Pflicht,

er schreibt die-ses Ge-dicht: Wäl-der ziehn.___ Der

da capo al ⊕ — ⊕

lie-be al - te Groß-pa - pa sagt zu der gu-ten

Groß-ma-ma: „Ve - ro - ni - ka, der Lenz ist da!"

Worte: Fritz Rotter · Musik: Walter Jurmann
Interpreten: Comedian Harmonists, 1930

„Veronika, der Lenz ist da" ist ein Erfolgstitel der deutschen
Gesangsgruppe Comedian Harmonists, die in den Zwanziger- und
Dreißigerjahren sehr populär war. Nach der nationalsozialistischen
Machtergreifung wurde die Gruppe 1935 aufgelöst. (Drei ihrer
Mitglieder waren Juden.)
Zu den erfolgreichen Liedern der Comedian Harmonists gehören
auch die auf den Seiten 82 und 144.

Volare

Vo - la - re, _____ oh, oh! _____ Can -
Vo - la - re, _____ oh, oh! _____ Can -

ta - re, _____ oh, oh, oh, oh! _____ Fe -
ta - re, _____ oh, oh, oh, oh! _____ Let's

li - ce di sta - re las - sù, nel blu, __ di -
fly __ way up to the clouds, a - way from the

pin - to di blu, e vo - la - vo, vo - la - vo fe -
mad - d'n - ing crowds; we can sing in the glow of a

lice più in al - to del sole ed an - co - ra più
star that I know of, where lov - ers en - joy peace of

su, mentre il mon - do pian pia - no spa -
mind. Let us leave the con - fu - sion and

ri - va lon - ta - no lag - giù, u - na
all dis - il - lu - sion be - hind, just like

mu - si - ca dol - ce suo - na - va sol - tan - to per
birds of a fea - ther a rain - bow to - geth - er we'll

me. / find. Vo - la - re, ___ oh, oh! ___ Can -

ta - re, ___ oh, oh, oh, oh! ___ Nel / No

blu degli oc - chi tuoi blu, fe - lice di sta - re quag -
wonder my hap - py heart sings, your love has giv - en me

giù, fe - lice di sta - re quag - giù. ___
wings, your love has giv - en me wings. ___

Worte (ital.): Domenico Modugno/ M. Migliacci · Musik: Domenico Modugno, 1958

Aussprachehilfen für den italienischen Text:
- *ei wie ä-i.*
- *Doppelkonsonanten (bb, cc, dd usw.) dauern doppelt so lange wie einfache.*
- *c vor a, o, u und Konsonanten wie deutsches k; c vor e und i wie tsch; che wie ke; chi wie ki.*
- *g vor a, o, u und Konsonanten wie deutsches g; g vor e und i wie dsch (stimmhaft); ghe wie ge; ghi wie gi; gl hier immer wie lj.*
- *qui wie kuї.*
- *sc vor a, o und u wie deutsches sk; sc vor e und i wie deutsches sch; sci vor a, o und u wie deutsches sch; sch (nur vor e und i) sk; s sonst hier immer stimmlos.*
- *z hier immer wie ts.*

Völlig losgelöst (Major Tom)

1. Gründ - lich durch - ge - checkt steht sie da und
2. Ef - fek - ti - vi - tät bestimmt das Han - deln,

war - tet auf den Start — al - les klar. Ex -
man ver - lässt sich blind auf den an - dern.

per - ten strei - ten sich um ein paar Da - ten,
Je - der weiß ge - nau, was von ihm ab - hängt,

die Crew hat dann noch ein paar Fra - gen, doch
je - der ist im Stress, doch Ma - jor Tom

der Countdown läuft. 2. Dann hebt er ab und:
macht ei - nen Scherz. 4. Er schwebt wei - ter.

2. 4. 5. Völ - lig los - ge - löst von der Er - de

schwebt das Raum - schiff — völ - lig schwe - re -

- los. (3. Die) re - los. _____

da capo   *im letzten Refrain*

3. Die Erdanziehungskraft ist überwunden,
alles läuft perfekt schon seit Stunden.
Wissenschaftliche Experimente –
doch was nützen die am Ende, denkt
sich Major Tom.

4. Im Kontrollzentrum, da wird man panisch,
der Kurs der Kapsel, der stimmt ja gar nicht.
Hallo, Major Tom, können Sie hören?
Wolln Sie das Projekt denn so zerstören? Doch
er kann nichts hör'n. Er schwebt weiter.
Völlig losgelöst …

Zwischenteil:

Die Er - de schimmert blau, sein letz - ter Funk kommt:

„Grüßt mir mei - ne Frau!" Und er ver - stummt.

da capo

5. Unten trauern noch die Egoisten,
Major Tom denkt sich, wenn die wüssten.
Mich führt hier ein Licht durch das All,
das kennt ihr noch nicht – ich komme bald,
mir wird kalt.
Völlig losgelöst …

Worte und Musik: Peter Schilling, 1982

We are the champions

d   C/D

1. I've paid my dues,____ time af-ter

d   C/D   d

time. I've done my____ sen-tence

C/D   d

but com-mit-ted no____ crime.____

C/D   F   B/F

And bad mis-takes,

F   B/F

I've made a few.____ I've had my

F   C/E   d   G⁷

share of sand__ kicked in my__ face but I've come

C   C⁷

____ through. And I need to go on, and on, and

D   G   h⁷

on, and on. **1. u. 2.** We____ are the cham-pions,__ my

e   C   D   G

friend._____ And we'll____ keep on

fight - ing—— till the end.——

We are the cham - pions. We are the cham - pions.

No time for los - ers 'cause we are the cham - pions

of the world.——

2. I've taken my bows and my curtain calls.
You brought me fame and fortune and ev'rything
that goes with it. I thank you all,
but it's been no bed of roses, no pleasure cruise.
I consider it a challenge before the whole
human race and I ain't gonna lose
and I need to go on, and on, and on, and on:
We are the champions …

Worte und Musik: Freddie Mercury · Interpreten: Queen, 1977

*Die britische Rockgruppe Queen wurde 1970 u. a. vom Sänger und
Bandleader Freddie Mercury (geb. 1946) gegründet. Mercury wurde
auch durch seinen gemeinsamen Auftritt mit der Sopranistin
Montserrat Caballé anlässlich der Eröffnung der Olympischen Spiele
in Barcelona 1988 bekannt. Er starb 1991 an Aids.*

Wer die Rose ehrt

1. Wer die Ro-se, wer die Ro-se ehrt, der ehrt heut-zu-ta-ge auch den Dorn, der zur Ro-se noch da-zu ge-hört, noch so-lang, so-lang man sie be-droht. Ein-mal wirft sie ihn ab, ein-mal wirft sie ihn ab. Das wird sein, wenn's sein wird und al-le sie lie-ben.

2. Wer die Liebe, wer die Liebe ehrt, der ehrt heutzutage auch den Hass,
der zur Liebe noch dazugehört, noch solang, solang man sie bedroht.
Einmal wirft sie ihn ab, einmal wirft sie ihn ab.
Das wird sein, wenn's sein wird und Mensch ehrt den Menschen.

Worte: Kurt Demmler · Musik: Peter Gläser · Interpreten: Klaus Renft Combo, 1972

Wind of change

1. I fol-low the Mos-kva ___ down to Gor-ky Park
2. The world is clos-ing in ___ did you e-ver think
3. Walk-ing down the street ___ dis-tant memor-ies ___

listening to the wind ___ of change. ___
that we could be so close ___ like broth - ers.
are buried in the past ___ for ev - er.

An Au-gust sum-mer-night sol-diers pas-sing by ___
The fu-ture's in the air ___ I can feel it ev-er-y-where,
I fol-low the Mos-kva ___ down to Gor-ky Park ___

blowing with the wind ___ of change. ___
listening to the wind ___ of change. ___
listening to the wind ___ of change. ___

2. u. 3. Take me

to the magic of the mo-ment on a glo - ry night, when the

children of to-morrow dream a-way ___ in the wind of change.

Worte und Musik: Klaus Meine · Interpreten: Scorpions, 1990

Die Scorpions sind eine international bekannte deutsche Hardrock-band. „Wind of change" ist eine Reaktion auf die dramatischen politischen Veränderungen zu Beginn der Neunzigerjahre.

Wir sind auf dem Weg (Alles wird gut)

1. Hab kei - ne Angst vor Dun - kel - heit, frag
vol - lem Bauch und lee - rem Kopf, auf

nicht, wo - hin wir gehn. Wir stol - pern ein - fach
ei - nem Au - ge blind, auf der Su - che nach Zu -

vor - wärts durch ein wei - te - res Jahr - zehnt. Mit
frie - den - heit und_ ir - gend - ei - nem Sinn._

1.u.2. Wir sind auf dem Weg in ein neu - es Jahr -

tau - send. Bald wer - den Wun - der am

Fließ-band her - ge - stellt. Auf dem Weg in ein

neu - es Jahr - tau - send. Ü - ber Nacht wird al - les an -

- ders, ei - ne schö - ne, neu - e Welt._ Mein

Ho - ros - kop_ hat es mir er - zählt_ und ich

weiß, dass es nie lügt: Du und ich,— wir sind aus - er - wählt! Steh auf und— komm mit!

2. Mit einem Stein in der Hand als Souvenir von der Mauer in Berlin
klopfen wir an die Hintertür vom neuen Paradies.
Es ist ein Reich der Träume, in dem Milch und Honig fließt,
in dem alle Menschen glücklich sind und jeder jeden liebt.

Worte: Andreas Frege · Musik: Andreas von Holst · Interpreten: Die Toten Hosen, 1990

Begonnen haben die Toten Hosen 1982 als Punkband nach britischem Vorbild. Typisch sind vor allem ihre kritischen, oft auch provozierenden Texte sowie der unverwechselbare Gesangsstil ihres Leadsängers Campino.

Wir sind Kinder einer Erde

1. Wir sind Kin - der ei - ner Er - de, die ge-
2. Wir sind Kin - der ei - ner Er - de, doch es

nug für al - le hat. Doch zu vie - le ha - ben
sind nicht al - le frei. Denn in vie - len Län-dern

Hun - ger und zu we - ni - ge sind satt. Ei - ner
herr-schen Mi - li - tär und Po - li - zei. Vie - le

prasst, die an - dern zah - len, das war bis - her
sit - zen im Ge - fäng - nis, Angst re - giert

im - mer gleich. Nur weil vie - le Län - der
von spät bis früh. Wir sind Kin - der ei - ner

1. C

arm sind, sind die rei - chen Län-der reich.
Er - de, a - ber

2. C

tun wir was für sie? **3.** Vie - le

Kin - der frem-der Län - der sind in uns - rer Stadt zu Haus. Wir sind

Kin - der ei - ner Er - de, doch was ma-chen wir da-raus? Ih - re

142

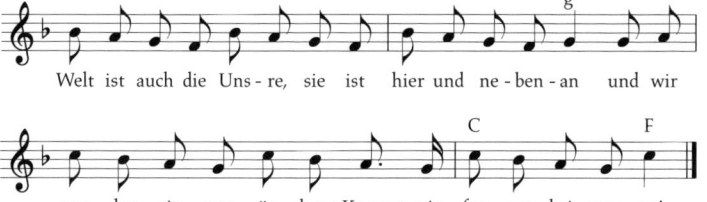

Welt ist auch die Uns - re, sie ist hier und ne - ben - an und wir
wer - den sie ver - än - dern: Kommt, wir fan - gen bei uns an!

Worte: Volker Ludwig / Christian Sorge · Musik: Birger Heymann, 1973

Volker Ludwig gründete das bekannte Berliner Grips-Theater (siehe auch S. 44). Das Autorenteam Ludwig / Heymann schrieb u. a. das meistgespielte deutsche Rockmusical „Linie 1" sowie das Theaterstück „Ein Fest für Papadakis" mit dem Schlusslied „Wir sind Kinder einer Erde".

Wochenend und Sonnenschein

1. u. 2. Wo - chen - end___ und Son - nen - schein_ und
Ü - ber uns___ die Ler - che zieht,_ sie

dann mit dir___ im Wald al - lein, wei - ter
singt ge - nau___ wie wir ein Lied. Al - le

brauch ich nichts_ zum Glück - lich - sein: Wo - chen -
Vö - gel stim - men fröh - lich ein: Wo - chen -

end und Son - nen - schein!_
end und Son - nen - schein! ___ Kein

Au - to, kei - ne Chaus - see und nie - mand in uns - rer

Näh'! Tief im Wald_ nur ich und du,_ der

Herr - gott drückt_ ein Au - ge zu; denn er

schenkt uns ja___ zum Glück - lich - sein Wo - chen -

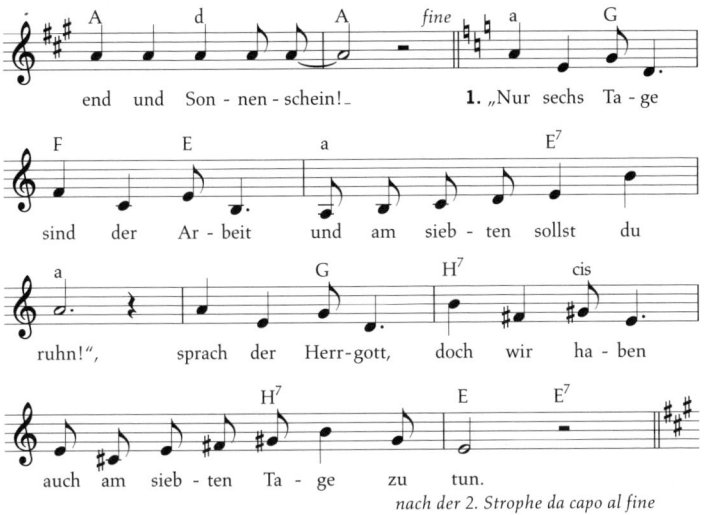

end und Son - nen - schein! _   **1.** „Nur sechs Ta - ge

sind der Ar - beit und am sieb - ten sollst du

ruhn!", sprach der Herr-gott, doch wir ha - ben

auch am sieb - ten Ta - ge zu tun.

nach der 2. Strophe da capo al fine

2. Weder Tonfilm noch Theater, uns lockt auch kein „Fünfuhrtee".
Wo wir hingehn, ist es schöner und es kostet nicht mal Entree.
Wochenend …

Worte: Charles Amberg · Musik: Milton Ager
Interpreten: Comedian Harmonists, 1930

X-mas

1. So this is X - mas and what have you
2. X - mas for weak and for

done an - oth - er year o - ver
strong, for rich and the poor ones

and a new one just be - gun._____
the_ world is so_ wrong._____

And so this is X - mas I hope you have
And so hap - py X - mas for black and for

fun, the near and the dear one,
white, for yel - low and red ones

the old and the_ young._____
let's stop all the_ fight._____

1.u.2. A ve - ry Mer - ry X - mas_____

and a hap - py new year._____

146

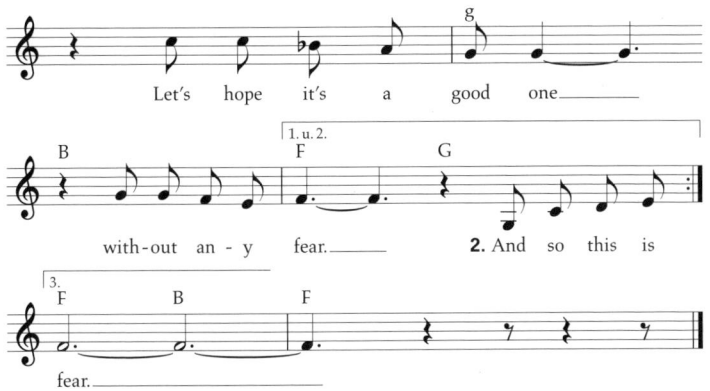

Let's hope it's a good one

with-out an - y fear.

2. And so this is

fear.

Worte und Musik: John Lennon/Yoko Ono · Interpret: John Lennon, 1971

Im englischen Sprachraum steht der Buchstabe X oft anstelle des Wortes „Christ" bzw. „Christus". Das X hat sich aus dem griechischen χ (chi) entwickelt, das bei den frühen Christen wegen seiner Kreuzform eine ähnliche symbolische Bedeutung hatte.

Yellow submarine

In the town where I was born lived a
and he told us of his life in the
So we sailed on to the sun till we
and he lived be-neath the waves in our

man who sailed to sea,
land of sub-ma-rines.
found the sea of green,
yel - - - low sub-ma-rine.

We all live in the yel-low sub-ma-rine,

yel-low sub-ma-rine, yel-low sub-ma-rine.

And our friends are all a-board, man-y
And we live a life of ease, ev-'ry-

more of them live next door, and the
one of us has all we need, sky of

band be-gins to play.
blue and sea of

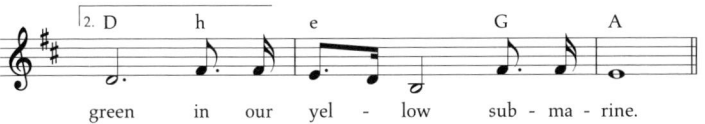

green   in   our   yel - low   sub - ma - rine.

We   all   live   in   the   yel - low sub - ma - rine,

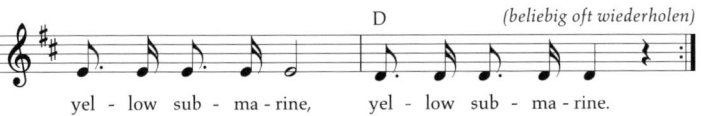

yel - low sub - ma - rine,   yel - low sub - ma - rine.

Worte und Musik: John Lennon/Paul McCartney · Interpreten: The Beatles, 1966

„Yellow submarine" erschien erstmalig 1966 auf der LP „Revolver".
Der Song gehört zu den wenigen Beatles-Produktionen, in denen der
Schlagzeuger Ringo Starr den Sologesangspart übernahm.
„Yellow submarine" wurde auch Vorlage für einen gleichnamigen
Zeichentrickfilm, in dem die Beatles die Hauptfiguren sind.

Zoom (Tausendundeine Nacht)

Die Akkordangaben in Klammern gelten für die 2. und 3. Strophe

1. Du woll-test dir bloß den A-bend ver-trei-ben und nicht grad' al-lein gehn und riefst bei mir an. Wir wa-ren nur Freun-de und wollten's auch blei-ben, ich dacht' nicht im Traum, dass was pas-sie-ren kann. Ich weiß nicht, wie e-wig wir zwei uns schon ken-nen. Dei-ne El-tern sind mit mei-nen da-mals Ke-geln ge-fahr'n. Wir blie-ben zu Haus, du schliefst ein vorm Fern-sehn, wir war'n wie Ge-schwis-ter in all den Jahr'n.

1.–3. Tau - send - mal___ be - rührt, tau - send - mal ist nix pas - siert, ___ tau - send - und - ei - ne Nacht und es hat Zoom ge - macht.

2. Erinnerst du dich, wir ha'm Indianer gespielt
und uns an Fasching in die Büsche versteckt.
Was war eigentlich los, wir ha'm nie was gefühlt,
so eng nebeneinander und doch gar nix gecheckt.
War alles logisch, wir kennen uns zu lange,
als dass aus uns nochmal irgendwas wird,
ich wusst', wie dein Haar riecht, und die silberne Spange
hatt' ich doch schon tausendmal beim Tanzen berührt.

3. Wie viele Nächte wusst' ich nicht, was gefehlt hat,
wär' nie drauf gekommen, denn das warst ja du,
und wenn ich dir oft von meinen Problemen erzählt hab,
hätt' ich nie geahnt, du warst der Schlüssel dazu.
Doch so aufgewühlt hab ich dich nie gesehen,
du liegst neben mir und ich schäm' mich fast dabei,
was war bloß passiert, wir wollten tanzen gehen,
alles war so vertraut und jetzt ist alles neu.

Worte: Dieter Dehm · Musik: Klaus Lage · Interpret: Klaus Lage, 1984

Zu spät

1. Wa - rum hast du mir das an - ge - tan?

Ich hab's von ei - nem Be - kann - ten er - fahr'n:

Du hast jetzt ei - nen neu - en Freund.

Zwei Wo-chen lang hab ich nur ge-weint! Jetzt schaust du

weg, grüßt mich nicht mehr und ich

lieb dich im - mer noch so sehr! Ich weiß, was

dir an ihm ge - fällt: Ich bin

arm und er hat Geld! Du liebst ihn nur,

weil er ein Au - to hat und nicht wie ich ein

klapp - ri - ges Da - men - rad. **1. u. 2.** Doch

ei - nes Ta - ges werd ich mich rä-chen,
ich werd die Her-zen al - ler Mäd-chen bre - chen. Dann bin
ich ein Star, der in der Zei-tung steht, und dann
tut es dir Leid, doch dann ist es zu spät! Zu
spät, (zu spät,) zu spät, (zu spät,) zu
spät (zu spät). Doch dann ist es zu spät. Zu
spät (zu spät). Dann ist al - les viel zu spät.

2. Du bist mit ihm im Theater gewesen,
ich hab dir nur Fix und Foxi vorgelesen.
Du warst mit ihm essen, natürlich im Ritz,
bei mir gab's nur Currywurst mit Pommes frites!
Der Gedanke bringt mich ins Grab!
Er kriegt das, was ich nicht hab!
Ich hasse ihn, wenn es das gibt,
so wie ich dich vorher geliebt!
Ich wollte ihn verprügeln, deinen Supermann,
ich wusste nicht, dass er auch Karate kann!

Worte und Musik: Farin Urlaub · Interpreten: Die Ärzte, 1984

Akkordsymbole

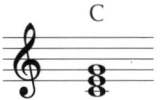

Durdreiklang

Molldreiklang

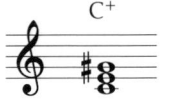

übermäßiger
Dreiklang

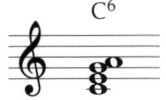

Durdreiklang mit
großer Sexte

Molldreiklang
mit großer Sexte

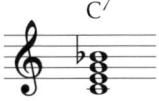

Durdreiklang mit
kleiner Septime

übermäßiger Dreiklang
mit kleiner Septime

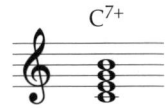

Durdreiklang mit
großer Septime

Molldreiklang
mit kleiner Septime

Molldreiklang mit
großer Septime

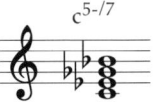

verminderter Dreiklang
mit kleiner Septime

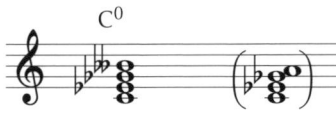

verminderter Dreiklang mit verminderter
Septime/verminderter Septakkord

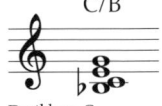

Dreiklang C
über dem Basston B

Zur Erleichterung
kann der Basston
unberücksichtigt
bleiben, insbesondere
auf der Gitarre.

Ausgewählte Gitarrengriffe

- - - - - - Saite wird nicht angeschlagen

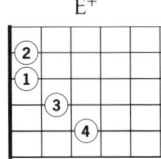

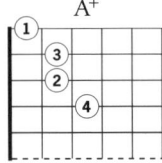

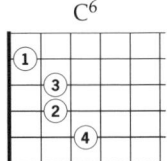

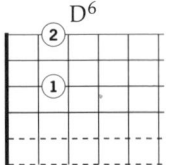

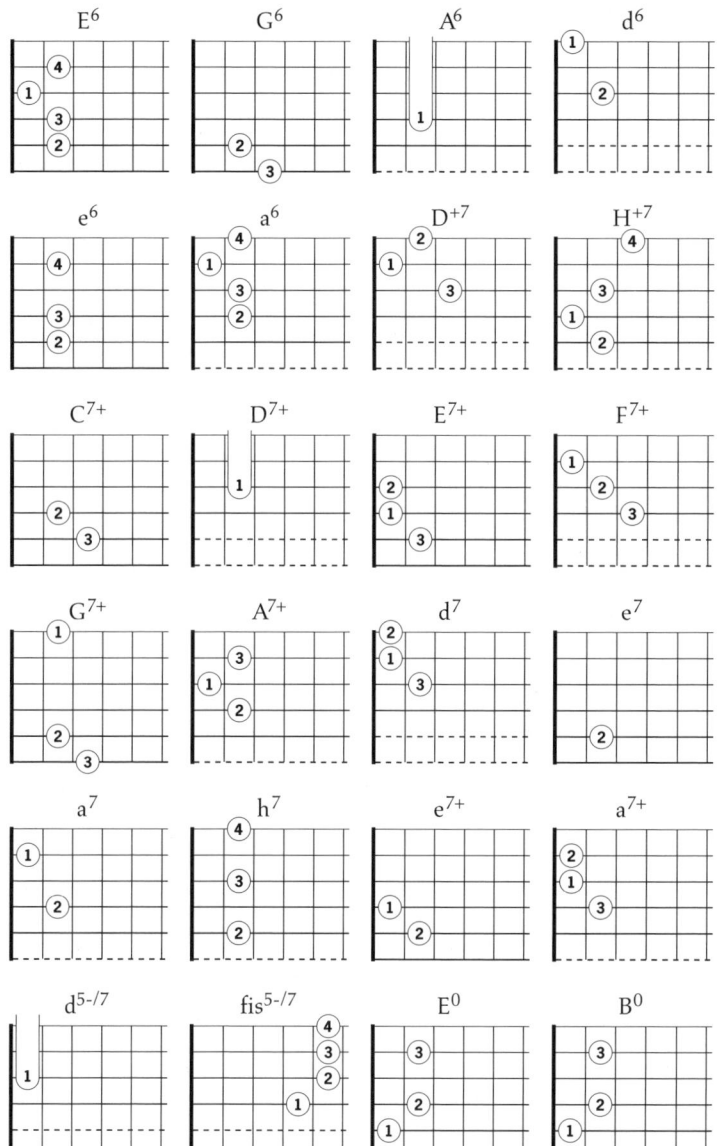

Liedverzeichnis nach Sinngebieten

Dieses Songbuch enthält Lieder aus unterschiedlichen musikalischen Bereichen, die für den Klassengesang geeignet sind. Viele der Lieder gehören inzwischen zum festen Repertoire an der Schule, andere haben es verdient, eine größere Verbreitung zu finden. Neben deutsch- und englischsprachigen Songs wurden einige Lieder mit Texten in italienischer, französischer und spanischer Sprache aufgenommen. Problematisch war zuweilen die Zuordnung der zweiten und folgenden Strophen zur Melodie. In solchen Fällen wurden die Strophen den Noten unterlegt oder in den Strophentext Bögen eingefügt (Bogen unter zwei Silben: die Silben gehören zu einer Note; Bogen unter einer Silbe: die Silbe gehört zu zwei Noten). Im Interesse der Singbarkeit wurde der originale Aufbau einiger Songs vereinfacht, zum Beispiel durch Weglassen der instrumentalen Zwischenspiele.
Die in den Anmerkungen genannten Interpreten haben in der Regel den jeweiligen Song bekannt gemacht.

Liedquellenverzeichnis

6: © Moderato Musikproduktion GmbH/George Glueck Musik GmbH, Berlin · *8 o.:* © Music Sales Ltd., London · *8 u.:* © ECHO Musikverlag/ Harth Musikverlag, Leipzig · *10 o.:* © Puhdys Musikverlag, Paderborn (Musik), Edition Löwe Songs, Hamburg (Worte) · *10 u.:* © Drei Masken Verlag, Berlin · *12:* © Edition Hitrunner, München · *14:* © Schott Musik International, Mainz · *15:* © Melodie der Welt J. Michel KG Musikverlag, Frankfurt/M. · *16:* © Aktive Musik Verlagsgesellschaft mbH, Dortmund · *17:* © Music Sales Ltd., London · *18:* © Edition Presley, Global Musikverlag, München · *20:* © Neue Welt Musikverlag GmbH, München · *22 o.:* © Universal Edition A.G., Wien · *22 u.:* © Autor · *24:* © Edition Rialto Hans Gerig KG, Bergisch Gladbach · *26:* © Autor · *28 o.:* © EMI Music Publ. Germany GmbH, Hamburg · *28 u.:* © EMI Music Publ. Germany GmbH · *30:* © Harth Musikverlag, Leipzig/Dt. Schallplatten GmbH, Berlin · *32 o.:* © Music-Edition Discoton GmbH (BMG UFA Musikverlage), München · *32 u.:* © Autor · *34:* © Edition Intro Gebr. Meisel GmbH, Berlin · *36:* © Verlag Kiepenheuer & Witsch, Köln · *37:* © Neue Welt Musikverlag GmbH, München · *38:* © Global Musikverlag, München · *39:* © Musik Edition Europaton Peter Schaeffers/Ebony Musikverlag, München · *40:* © Buschfunk Verlag, Berlin · *42 u.:* © More Musikverlag GmbH, Hamburg · *44:* © Ellermann-Verlag, München · *45:* © BIT Musikverlag, Berlin · *46:* © Ingrid Richter Musikvertrieb u. Verlag, Berlin · *48:* © Prestige Music Ltd. London · *49:* © Global Musikverlag, München · *50:* © Aktive Musik Verlagsgesellschaft mbH, Dortmund · *52:* © Polygram Songs Musikverlag GmbH, Hamburg · *54 o.:* © Musik-Edition Discoton GmbH, München · *54 u.:* © Neue Welt Musikverlag GmbH, München · *56:* © EMI Music Publ. Germany GmbH, Hamburg · *58:* © MCA Music GmbH, Hamburg · *60:* © EMI Music Publ. GmbH, Hamburg · *61:* © Musik-Edition Discoton GmbH (BMG UFA Musikverlage), München · *62:* © Global Musikverlag, München · *63:* © George Glueck Musik GmbH, Berlin · *64:* © Hans Gerig Verlag OHG, Bergisch Gladbach · *66:* © Anar Musikverlag Bettina Schlesinger, Berlin · *67:* © Deutscher Verlag für Musik, Leipzig (Musik), Suhrkamp Verlag, Frankfurt/M. (Worte) · *68:* © Impulse-Musikverlag, Drensteinfurt · *69:* © Sony ATV Music Publ. (Germany), Frankfurt/M. · *70:* © Musikverlag Intersong GmbH, Hamburg · *71:* © Music Sales Ltd., London · *72:* © Musikverlag Intersong GmbH, Hamburg · *74:* © Grönland-Musikverlag Herbert Grönemeyer, Köln · *76:* © Edizioni Curci, Mailand/Edition Titania Hans Gerig, Bergisch Gladbach · *77:* © Universal Edition A.G., Wien · *78:* © West Ton Verlag GmbH, Frankfurt/M. ·

79: © Nero Musikverlag G. Hämmerling OHG, Berlin · 80: © Meteor Musik R. Siegel Musikverlag, München · 82: © Edition Bristol, Wiener Bohème Verlag GmbH (BGM UFA Musikverlage), München · 84: © Polygram Songs Musikverlag GmbH, Hamburg · 86: © Kick Musikverlag GmbH, Frankfurt/M. (50%), Arabella Musikverlag GmbH, München (50%) · 88: © Edition Hate/EMI Songs Musikverlag, Hamburg · 90: © Autor · 92: © Autor · 94: © Warner Brothers Publ. Inc./IMP Ltd. · 96 o.: © Essex Musikvertrieb GmbH, Hamburg · 96 u.: © Peer Musikverlag GmbH, Hamburg · 98: © Neue Welt Musik-verlag GmbH, München · 100: © Drei Ringe Musikverlag GmbH, Berlin · 101: © BMG Ariola S.P.A.; Arabella Musikverlag, München · 102: © Global Musikverlag, München · 103: © Essex Musikvertrieb GmbH, Hamburg · 104: © St. Nicholas Music Publ. Comp./Chappell Music Inc. and International Music Publ. Ltd., London · 106 o.: © Poly-gram Songs Musikverlag GmbH, Hamburg · 106 u.: © Music Sales Ltd., London · 108: © Edition Melodia Hans Gerig, Bergisch Gladbach · 109: © Musikverlag Hans Gerig OHG, Bergisch Gladbach · 110: © Essex Musikvertrieb GmbH, Hamburg · 112: © Neue Welt Musikverlag GmbH, München · 114: © Global Musikverlag, München · 116: © montana, München · 118: © Music Sales, London (87,5%)/ Rondor Musikverlag, Hamburg (12,5%) · 120: © Essex Musikvertrieb GmbH, Hamburg · 122: © Arabella Musikverlag GmbH (BMG UFA Musikverlage), München · 124: © Harth Musikverlag in Gemein-schaftsproduktion mit Musik-Edition Discoton, München · 126: © Polygram Songs Musikverlag GmbH (Musik u. Originalworte); Autor (dt. Worte) · 127: © Autorin · 128: © Nada Music GmbH, Hilversum · 129: © Lied der Zeit GmbH, Hamburg · 130: © Wiener Bohème Verlag GmbH (BMG UFA Musikverlage), München · 132: © Edition Titania Hans Gerig KG, Bergisch Gladbach · 134: © Peer Musikverlag GmbH, Hamburg · 136: © EMI Music Publ. Germany GmbH, Hamburg · 138: © Autoren · 139: © Polygram Int. Publ. Inc./Polygram Songs Musikverlag GmbH, Hamburg · 140: © Chrome Music Ralph Siegel & Partner, München · 142: © Autoren · 144: © EMI Music Publ. GmbH, Hamburg · 146: © Nordton Musikverlag GmbH, Berlin · 148: © Music Sales Ltd., London · 150: © Edition Musikant, Frankfurt/M. · 152: © Edition Brausebeat c/o Musik-Edition Discoton GmbH (BMG UFA Musikverlage), München

Zu diesem Songbuch gehören CDs mit Liedbegleitungen:
Songbuch CDs 1–4
ISBN 978-3-06-152299-5

Bildnachweis:
Thomas Neumann/Berlin: 6, 20; Peter Bischoff/Worpswede: 22 ·
dpa-Fotoreport · JAT/München: 7, 8, 31 · Klaus Renft: 26 · set/
München: 1, 2, 5, 10, 11, 18, 19, 21, 27, 28, 34, 36 – 38 · Marion Schweitzer/
München: 12, 13 · Transglobe Agency/Hamburg: 3, 4, 14 – 17, 23 – 25,
30, 32, 35 · Warner Brothers: 9 · WEA: 33

Redaktion: Wilfried Behrendt, Bernhard Streerath
Mitarbeit: Andreas Unterumsberger
Einband und Typographie: Ingo Wulff
Einbandfoto: Klaus Fischer
Herstellung: Jürgen Brinckmann
Notensatz: Computernoten Havelland · Vignette: Wolf Leo

www.cornelsen.de

Dieses Werk berücksichtigt die Regeln der reformierten Rechtschreibung
und Zeichensetzung. Die in diesem Buch enthaltenen Liedtexte von
Bertolt Brecht wurden nicht den neuen Rechtschreibregeln angepasst.

1. Auflage, 19. Druck 2025

Alle Drucke dieser Auflage sind inhaltlich unverändert und können im
Unterricht nebeneinander verwendet werden.

© 1997 Cornelsen Verlag/Volk und Wissen Verlag, Berlin
© 2020 Cornelsen Verlag GmbH, Mecklenburgische Str. 53, 14197 Berlin,
E-Mail: service@cornelsen.de

Druck: H. Heenemann, Berlin

ISBN 978-3-06-150521-9

PEFC-zertifiziert
Dieses Produkt
stammt aus
nachhaltig
bewirtschafteten
Wäldern

PEFC
PEFC/04-31-1156   www.pefc.de

20	21	22	30	31	
23		24	32		33
25		26	34	35	36
27	28	29	37	38	

20 Gerhard Schöne
21 Bob Dylan
22 Bonnie Tyler
23 ABBA
24 Duke Ellington
25 Die Ärzte
26 Klaus Renft Combo
27 Juliane Werding
28 Udo Lindenberg
29 Gilbert Bécaud

30 Buddy Holly
31 Die Toten Hosen
32 The Rolling Stones
33 Marius Müller-Westernhagen
34 Peter Maffay
35 Bettina Wegner
36 Herman van Veen
37 Nicole
38 Karat